30代が
楽しくなる方法

中谷彰宏

AKIHIRO NAKATANI

ほんの小さな機会でも
リスペクトを持つことで
楽しむことができる。

中谷彰宏

この本は、
３人のために書きました。

1 楽しみ方がわからない、30代の人。

2 30代になるのが不安な、20代以下の人。

3 30代の気分で楽しみたい40代以上の人。

まえがき
01
30代で、人生を楽しむ人と、楽しめない人にわかれる。

30代になると、新しく何かを覚えなくても生きていけます。

これが30代の怖さでもあります。

20代は、一生懸命仕事を覚える時期です。

そうしなければ生きていけないのです。

たいていの仕事は、20代の10年間でひと通り覚えられます。

仕事においては、「あの人に頼みたい」とか「あの人のお客様になりたい」と思われる人がいます。

恋愛においても、「あの人とごはんを食べたい」「デートしたい」「つき合いたい」と思われる人がいます。

一緒に何かをしたい人は、「人生を楽しんでいる人」です。

仕事も勉強も恋愛も、全部ひっくるめて楽しんでいるのです。

「楽しんでいる」イコール「成功している」ではありません。

稼いでいて、出世してうまくいっているからといって、必ずしも魅力があるわけではないのです。

そういう人でも、別に一緒にごはんを食べたいと思わない人もいます。

一方で、稼いでもいないし、出世もしていないのに、毎日、人生が楽しそうな人もいます。

どんな業界にも、たとえ稼いでいなくても、当たったり、外れたり、試したりすることを楽しんでいる人がいます。

30代までは、「楽しんでいる」という基準はありませんでした。

10代は、「一生懸命勉強して社会に出る準備をする」ことです。

20代は、「社会人になって社会の基本を身に付ける」ことです。

ここには楽しむ余裕はありません。

30代になると、とりあえず社会人としてひと通りのことはできているので、何をしていいかわからなくなるのです。

そこで必要となるのが、「楽しむ」という価値軸です。

「こうしたら楽しむことができるよ」という具体例を挙げます。

「しなければならないのか」と思った時点で、楽しんでいません。

「楽しむ」とは、それをすることで、もっと楽しくなるということなのです。

30代を
楽しむ方法
01

人生を楽しもう。

30代を楽しむ63の方法

01 人生を楽しもう。
02 大人に、なろう。
03 自分から、会いに行こう。
04 憧れに、素直になろう。
05 大人としての勉強を、始めよう。
06 意味はわからなくていいから、凄さを感じよう。
07 ピチピチ子どもスーツを、卒業しよう。
08 一流レストラン・ホテルで、マナーを身に付けよう。
09 成長できる場所に、引っ越そう。
10 自分で先生を見つけよう。
11 技術ではなく、人の人生にリスペクトを持とう。

25 テストに落ちたことに、気づこう。
26 リュックとキャリーバッグを卒業しよう。
27 テングになろう。
28 上質な靴を買おう。
29 流行りに振りまわされない基本を知ろう。
30 カルチャーショックを、受けよう。
31 語学力をつけるより、意識を変えよう。
32 ムダづかいして、学ぼう。
33 オシャレのお手本を持とう。
34 めんど臭いことをしよう。
35 最低10年続けるモノを、持とう。
36 年上向けの本を読もう。
37 逃げ遅れた仕事で、チャンスをつかもう。

30代が楽しくなる方法　もくじ

第2章 30代はリスペクトを持つと、味わい尽くせる。

第3章 30代は背伸びする場所に行く。

第4章 30代は逃げ遅れた仕事に、チャンスがある。

第5章 30代は仕事の楽しさより、自分の成長を楽しむ。

第1章

30代は
楽しんでいる大人を
知る、見る、出会う。

02

30代で、大人になる人と、オジサン・オバサンになる人にわかれる。

30代の位置づけは、今の世の中ではなかなかむずかしいのです。

20代からは「オジサン・オバサン」と言われます。

上の年齢層の人には「まだまだ子ども」と言われます。

下からは「老けている」と言われ、上からは「子ども」と言われる、一番立つ瀬のない人たちです。


30代の10年は長いように感じますが、ボンヤリしていると、あっという間に過ぎてしまいます。

何もしなくても不具合が発生しないからです。
30代は「失われた10年」になるリスクが高いのです。
30代の10年間は、失ったことにすら気づきません。
10年経って40代になった時に、初めて「自分は何もしなかった」と気づくのです。
20代で何もしなければ、クビになります。
30代は、何もしなくてもクビになりません。
給料も、きちんと出ます。
歳だけ重ねていって、誰からも非難されないのです。
そこに怖さがあります。
30代で目指すのは、「大人」になることです。
30代は、もはや子どもの時代ではありません。
大人になるか、オジサン・オバサンになるかのターニングポイントが30代です。
社会的な大人の入門の一番手前にいるのが30代です。

30代を楽しむ方法
02

大人に、なろう。

「30代は大人なのか、子どもなのか」と聞かれたら、どちらでもありません。
歳をとったら、みんなが大人になれるわけではないからです。
30代で、早くも枯れ朽ちている人もいます。
電車のつり皮にぶら下がって、完全におじいさん化してしまっています。
大人になった人は、永遠にカッコいいのです。
歳を重ねるごとに、どんどんカッコよくなります。
どちらになるかは、30代で何をするかで決まるのです。

03

楽しんでいる大人を知る、見る、出会う。

30代で楽しむ大人になるためには、どうすればよいのでしょうか。

もちろん、本を読むこと、ネットで情報を集めることも大切です。

一番大切なのは、楽しんでいる大人を生《なま》で見ることです。

そうすれば、自分が何をすればいいかがわかります。

「この人はこうしているから、自分もそうしよう」

「こういうインプットをしておこう」

「こういう体験をしておこう」

ということがわかるのです。

これには段階があります。

第1段階は、そういう大人がいると「知る」ことです。

第2段階は、そういう大人を生《なま》で「見る」ことです。

第3段階は、そういう大人に「出会いに行く」ことです。

知らない人に出会うことはできません。

凄い「大人」に会ったとしても、知らなければ、すれ違いで終わります。

TVで見ることはできますが、出会ってはいません。

まず知ることで、見た時に「あっ、あの人だ」とわかります。

見たあとは、次はそれを出会いに持っていきます。

家にいて会えるわけではないので、みずから会いに行きます。

インターネットを使えば、その人の次の講演会の予定を調べて、生《なま》でその人の話を聞きに行くことができます。

これがネットのいいところです。
間違ったネットの使い方をする人は、動画で見て終わりです。
これで出会いのチャンスを失うのです。
ネット社会は、出会える人にはいい道具です。
出会いのチャンスを逃す人にとっては、極めて危険な道具です。
出会いは向こうからは来ません。
「出会う」とは、みずから出かけていって会うことです。
これが「会う」と「出会う」との違いなのです。

30代を
楽しむ方法
03

自分から、会いに行こう。

04

残念な人は、大人に反発する。楽しめる人は、大人から学ぶ。

楽しめない人は、楽しんでいる大人が嫌いです。

自分がうまくいっていない時は、うまくいっている人に対して快く思わないこともあります。

大人に反発心を持った時点で、その人は大人になることを拒否して、子ども返りをします。

いったん子ども返りをすると、無限に赤ちゃんに退行していきます。

年齢は30歳で、精神年齢が赤ちゃんという現象が起こるのです。

赤ちゃんは、みずから何かをしようとはしません。

自分の納得がいかなければ、ただ泣いて、不満をぶつけるだけです。

一方で、30代で大人に対して憧れのある人は、大人へと向かっていきます。

楽しんでいるカッコいい大人に出会いに行った人は、大人に対してリスペクトを持つようになるのです。


ネットの中には、悪口・ウワサ話があふれています。

なんとなくふんわりとネットを見ていると、「あの人はイヤな人」という情報を受けて、大人に反発する側にまわります。

大人に反発を持った人には楽しむ人生は残っていません。

楽しむためには、楽しんでいる人をリスペクトして学んでいけばいいのです。

「こっちはこんなに苦労しているのに、なんであの人は運がいいのか」と、反発心を持った時点で、楽しい人生から楽しめない人生に転落します。

30代を
楽しむ方法
04

憧れに、素直になろう。

「リスペクト」の反対は「反発」です。

「リスペクト」と「反発」は紙一重です。

憧れに対して、素直になれるかなれないかだけの違いです。

憧れに対して素直になると、リスペクトになります。

憧れを素直に受け入れられなかった瞬間、一気に「反発」という逆の向きに行くのです。

ほんの1度の違いが、180度の違いになってしまうのです。

05

卒業までは、子どもの勉強。
20代までは、社会人の勉強。
30代からは、大人の勉強。

子どもの時は「大人になったら勉強しなくていい」と思っていました。

実際は、大人にも勉強は必要です。

それぞれの年代で、勉強する中身が違うのです。

10代は、子どもとしての勉強をします。

それは家庭から社会へ出るための準備です。

家族以外の人との接し方や、自分の命を守るために最低限必要な物事を覚えていくのです。

20代は、社会人としての勉強をします。それまでの食べさせてもらう側から、何か価値を生み出す、人の役に立つための勉強をするのです。

30代は、大人になるための勉強です。

「社会人」イコール「大人」ではありません。

それぞれの年代の勉強をするということは、10代の勉強でいい学校に入れなくても、20代になった時点でチャラになるということです。

20代でいい会社に入れなくても、30代でチャラです。

30代は、10代・20代の勉強の持ち込みはありません。

そこから先の30代の勉強で、これから大人の勝負がつくのです。

10代・20代で頑張れなかった人も、ここからチャンスが生まれます。

10代・20代で、いい学校に行って、いい会社に入っても、30代で勉強しなかった人は大人になれないのです。

10代・20代で頑張ってきた人は、30代になって急にうまくいかなくなります。

それは、今までの貯金でなんとかやっていこうとするからです。

10代・20代でサボっていて、「よし、ここから頑張ろう」と思う人にも追い越されていくのです。

今までうまくいかなかった人は、一から逆転するチャンスが生まれます。

「とはいうものの、若干の貯金はあるでしょう？」と言う人がいますが、そんなものはありません。

30代は、それまでとまったく違う種類の勉強だからです。

20代までの勉強は、正解のある勉強です。

30代からの勉強は、正解のない勉強です。

20代までは、答えが大切です。

30代からは、問いが大切な勉強です。

20代までは、勉強しなければ注意してくれる人がいました。

30代からは、注意してくれる人がいません。

すべて自分で律することになるのです。

勉強は必ずしもしなくてもいいですが、その人からは人が離れていきます。

「勉強しないとダメだよ」とも言わずに、その人から離れていくのです。

仕事のチャンスを失い、恋愛のチャンスを失うことが、勉強しないことの大きな代償です。

最終的には、その人は孤立し、ウツを発症します。

そうならないためにも、30代になったら、大人としての勉強を始めたほうがいいのです。

30代を楽しむ方法 05

大人としての勉強を、始めよう。

06 凄さとは、会ってもらえない人だとわかることだ。

30代になったら、凄い人に出会うことが大切です。

「凄い人」の定義は、「普通なら会ってもらえないような人」です。

そういう人に出会った時に、初めて学べるのです。

「凄い」イコール「リスペクトを持つ」ということです。

リスペクトとは、「本来は会う機会のない人に出会えている。この人から何かを学ばねば」ということです。

ただなんとなく「あの人は偉い」と思うことではありません。

凄い人に簡単に会えると思っている人は、リスペクトがなくなって、せっかくの出会いのチャンスをなくすのです。

凄い人の凄さは、上から下は理解できますが、下から上は理解できません。

それでも、「この人は何かが凄い」と直感的に感じる感性を持つことが大切です。

意味なんて、わからなくていいのです。

「この人は何か凄い。この人に会えた今日は、とんでもない奇跡の日だ」と感じることで、リスペクトが生まれます。

ここで初めて相手から学ぶことができるのです。

「いつでも会える」「簡単に会える」と思った瞬間に、その人は相手から何かを吸収する力がなくなります。

幕末の時代には、凄い人にはなかなか会えませんでした。

佐久間象山《さくましょうざん》に会うために、幽閉されている信州まで行かなければならなかったのです。

今なら、ネットでいくらでも画像が見られます。

「いつでも会える」と思った瞬間、リスペクトがなくなります。

便利な時代におけるリスペクトの緩みで、大きな損失をしているのです。

30代を
楽しむ方法
06

意味はわからなくていいから、凄さを感じよう。

07 オーダーメイドで大人向けのスーツをつくる。

リクルートスーツを30代でも着ている人は、たくさんいます。

リクルートスーツは大学生向けの就職活動のための服です。

大人の仕事の服ではありません。

百歩譲って20代の最初は給料が安いので仕方ないとしても、30代になってもまだそれを着ているのはおかしいのです。

そういう人は、スーツの勉強をしていません。

安売りの量販店に行って、今流行りの服を買うだけです。

リクルートスーツは、今流行りの形を大量生産でつくっています。

値段も安いので、材質や縫製に無理をしています。

流行は、丈の短いジャケットに裾が細いズボンです。

これは子ども用のスーツです。


子ども用のリクルートスーツを着ている人は、大人としての扱いは受けません。


日本では、名刺がその人の自己紹介になります。

世界では、子ども用のスーツを着ている人を「子ども」と判断します。

スーツが自己紹介になっているのです。

アメリカのTVドラマシリーズ『SUITS／スーツ』で、記憶力抜群の主人公が、スーツをつくるために紹介されたお店に入りました。

その瞬間に、お店の人から「すみません、うちはスキニージーンズはつくってないんで」と言われました。

裾の細いズボンは、ジーンズでなくても「スキニージーンズ」と呼ばれます。

上衣は丈が短くて、お尻が丸見えで、前のボタンをとめてもネクタイが隠れないのです。

子ども用のスーツを着ている限り、大人としての扱いを受けることはありません。

まずは、ピチピチの子どもスーツから大人のスーツに変えます。

オーダースーツは、大人の名刺です。

30代になったら、決して安くはありませんが、これからの自分の一生を考え、まず、オーダースーツのお店で、大人向けのデザインのトラディショナルなスーツをつくることです。

30代を楽しむ方法
07

ピチピチ子どもスーツを、卒業しよう。

08
高級レストラン・ホテルは、楽しむところでなく、修業する場だ。

20代のうちは、レストランやホテルは遊び場です。

30代になったら、一流のレストラン・ホテルを勉強の場にすることです。

レストランマン・ホテルマン、お客様がどんなマナーで、どんな立ち居ふるまいをしているのかを学ぶのです。

「ぜいたくだから行かない」と言っている人は、節約をしているようで一見カッコいいですが、勉強をサボっているだけです。

きちんと勉強している人は、行く用事がなくても一流の場所に行っています。

一流レストラン・ホテルに、「インスタ映え目当て」で行く人がいます。

インスタには、インテリアや料理しか写りません。

30代で身に付けなければいけないのは、姿勢・しぐさ・立ち居ふるまい・服装です。

そういうものは、インスタにはいっさい写らないのです。

ここで「じゃあ、どこに行けばいいんですか」と聞く人がいます。

それを調べるところからが勉強です。

20代までの勉強に慣れている人は、すべてを教えてもらえると思い込んでいます。

一流レストラン・ホテルの情報はクローズドです。

オーダースーツも、ネットで調べると、格安なお店しか出てきません。

一流のお店にネットは必要ないからです。

いいお客様は、ネットは見ていません。

おじいさんの代から行っているとか、子どもの誕生日会もそこでしている人たちが来ています。

そういうところにマナーが蓄積されていくのです。

狭い意味でのマナーは、お辞儀の角度・座る位置・名刺の出し方などです。

それは20代のマナーです。

30代のマナーは、姿勢・しぐさ・身なりです。

30代のマナーはみずからが学びに行かないと、会社では教えてくれません。

「身のまわりに、そういうことを教えてくれる人がいないんです」と言いますが、
一流ホテルはたくさんあります。

そこへ行って、そこの空気に自分がふさわしくないと気づくことから学んでいくのです。

30代を
楽しむ方法
08

一流レストラン・ホテルで、
マナーを身に付けよう。

09

転職してから引っ越すのではなく、引っ越してから転職する。

30代は転職の時期です。

30代前半で転職しないと、転職できるチャンスはなくなります。

35歳を過ぎると、会社はだんだん居心地がよくなってきます。

動くメリットよりも、動くデメリットのほうが大きくなるのです。

「これはこれでいいんじゃないの」と、そのまま一生、会社に居続けることになるのです。

一方で、20代で転職するのは損です。

会社で学んだことが少なすぎて、蓄積効果がないからです。

転職にベストな時期は30代前半です。


もう1つの問題は、引っ越しです。

大体の人が、会社の近くの通勤に便利なところに住んでいます。

転職する時も、次の会社が決まったら便利なところに引っ越そうと考えています。

これが、うまくいかない人の発想です。

うまくいく人は、入りたい会社の近くに先に部屋を探します。

「そんなことをして、その会社に採用されなかったら困る」と考えている人は、その会社に通らないのです。

入りたい会社があったら、まずはその近くに引っ越します。

そこでいろんな人に出会いながら、その会社を理解した上で転職するのです。

引っ越しが先で、転職はそのあとです。

これが人生を楽しむ引っ越しの仕方です。

大切なのは、自分が成長できる場所に引っ越すことです。

安い場所、便利な場所は、まず成長できません。

自分が成長できる場所は、人生を楽しんでいる大人がいる場所です。

遊んでいる人よりも、勉強して成長している人のほうが、もっと人生を楽しんでいます。

引っ越すなら、勉強して成長している人が多い場所を選んだほうがいいのです。

そういうところは、家賃が高いです。

土地の運気が上がって、付加価値がつくからです。

ここで何を捨てるかです。

築年数にはこだわらず、広さや駅からの近さを断念すれば、そういう場所は必ず見つかります。

必要なのは、転職が決まる前に引っ越す覚悟です。

決まってから引っ越そうとする人は、ステップアップのための転職はできません。

怖いのは、転職ができなかった時に「先に引っ越さなくてよかった」と思ってしまうことです。

それは逆です。

引っ越さなかったから、行きたいと思っていた会社に落ちたのです。

30代を
楽しむ方法
09

成長できる場所に、引っ越そう。

10 先生は、向こうからやってこない。

30代で人生を楽しむためには、「先生を見つけること」が大切です。

ここで「先生が見つからないんですけど」「私のまわりに先生になるような人がいない」「先生をどうやって見つければいいですか」と言うのは、おかしいのです。

20代までは、先生のほうからやってきて、「私があなたの先生になってやる」「私の生徒になりなさい」と言ってくれます。

30代からは、自分で見つけた先生に「生徒にしてください」「弟子にしてください」と言わなければならないのです。

先生を見つけるためには、勉強が必要です。

まったくなんの知識もない人は、誰を先生にすればいいかわからないからです。

私は、41歳の時に花岡浩司《はなおかこうじ》先生にボールルームダンスを習い始めました。

ボールルームダンスそのものは、27歳から習い始めています。

その後、いろいろなダンス教室に行きました。

独学で勉強したり、ＤＶＤで研究したこともあります。

ああでもない、こうでもないと、やり方を考えながら、花岡先生に出会うまでに14年もかかったのです。

私の30代は、ひたすら探してまわる勉強をしていました。

それがあったおかげで、花岡先生に出会うことができたのです。

先生のほうからやってくることは、決してありません。

学校のように、クラスわけがあって、「担任の○○です。よろしく」という世界ではないのです。

それが「学校の先生」と「大人の社会の先生」との違いです。

探しまわる旅をしていなければ、その先生の値打ちはわかりません。

リスペクトが生まれないので、吸収できない、軸がグラつく、先生をコロコロ変えるという迷いが起こるのです。

先生がなかなか見つからないのは、いいことです。

その間に自分の軸が定まるからです。

不幸なのは、最初からいい先生に出会ってしまうことです。

トライ・アンド・エラーがあって、初めてその先生の値打ちがわかります。

出会うまでのまわり道をどれだけするかということが大切なのです。

30代を楽しむ方法 10

自分で先生を見つけよう。

11 リスペクトとは、人生に対してするものだ。

先生に対するリスペクトは、能力や技術に対してするものではありません。
その先生が「生きてきた人生そのもの」をリスペクトするのです。
その技を手に入れるために、どれだけ人生を棒に振ってきたかです。
そのすべてがリスペクトに値するのです。
20代までは、その人の能力をリスペクトしています。
30代からは、その技術を手に入れるまでの幾多の失敗に対してリスペクトします。
技術だけをリスペクトしていると、もっといい技術を持つ人が来たら、リスペクトがそちらに移ってしまいます。

そういう人は、一部の人にしかリスペクトを持つことができなくなります。

まわりのすべての人をリスペクトすることが大切です。

世の中すべての人が、何がしかの人生を生きています。

何かを犠牲にして、何かを得てきたのです。

たとえば、アマチュアボウラーで、上手な人はたくさんいます。

その中に、髪型から、どう見ても銀行員だとわかる人がいます。

その人がここまでうまくなったのは、残業を断ったからです。

銀行に入ったのに、銀行員の人生を捨ててもボウリングに賭けてきたのです。

そこに「この人は凄いな」というリスペクトを持てるのです。

技術ではなく、技術の裏側にあるものに対して、どれだけリスペクトできるかです。

スポーツに限らず、プロでも、それだけでは食べていけない人はたくさんいます。

その世界を選んだ覚悟に対してもリスペクトできます。

「そんなことやめて、真っ当な仕事をしてよ」と言わずに、「この人がやりたいんだから」と許している家族にもリスペクトできるのです。

表面上の成果に対してリスペクトするのではありません。

氷山の下の見えない部分を見抜いてリスペクトすることが、大人になるということです。

東大生を見て「頭がいい」と思うのは、成果に対するリスペクトです。

大切なのは、東大生がどういうトレーニングをしてきたかです。

ただ「あの人は人生を楽しんでいるから、いいよな」ということだけではなく、その人が人生を楽しむために何を捨ててきたのかに目を向けることが大切なのです。

30代を
楽しむ方法
11

技術ではなく、人の人生にリスペクトを持とう。

12 「あの人にも、できた」が、自分の自信になる。

楽しむためには、自信が必要です。
自信が持てないと、楽しむことはできません。
自信とは、自己肯定感のことです。
自信を手に入れる方法は、

①　自分が頑張る
②　先生から与えられる
③　仲間からもらう

の３つです。

仲間からもらう自信が大きいのです。

自分と同じレベルだと思っていた仲間が、ある時、結果を出すことがあります。

「あれ？　あの人が自分で会社をつくったのか」ということが起こるのです。

その人は勉強していたのです。

中には本を書く人もいます。

「あの人が本を書けるのか」と思った瞬間に、「あいつにできたなら、自分にも」と思うようになります。

それが仲間からもらう自信です。

スポーツの試合で、弱いチームが強いチームを倒す「ジャイアント・キリング」を見た時に、なんとなく勇気をもらうのと同じです。

そのスポーツはまったくしたことがないし、なんのトレーニングもしていないのに、何か自分もできるような気がしてくるのです。

これが自信に繋《つな》がります。

自信とは、「自分もやってみようかな」と思うことです。

「自信はついたけど、なかなか行動に繋がらない」というのは、自信とはいわないのです。

自信がつくと、「一発やってみるか」という気持ちが湧いてきます。

自分1人だけが頑張るのではありません。

そこには、勉強して、成長して、人生を楽しもうとしている先生と仲間がいます。

自分がどこに行くかは、自分で決められます。

人生を楽しむためには、行く場所を選ぶことが大切なのです。

30代を
楽しむ方法
12

仲間から、自信をもらおう。

第2章

30代はリスペクトを持つと、味わい尽くせる。

13 リスペクトすることで、明るさが身に付く。

人生を楽しんでいる人は、明るいのです。

明るいと、ますます楽しいことが転がり込んできます。

明るさは性格からではなく、リスペクトから生まれます。

一見、リスペクトと明るさは、まったく関係のないことです。

リスペクトで明るくなれるのは、自分の未来を組み立てることができるからです。

リスペクトする存在があると、「あの人はカッコいいな。自分も早くああいうふうになりたいな。これをしたら、ああいう人になれるかもしれない」と思います。

30代を
楽しむ方法
13

リスペクトしよう。

自分の未来を見ているので、未来から光をもらって、その人は目が輝くのです。

リスペクトの明るさが、その人の明るさです。

私の授業でも、リスペクトのある人は明るいのです。

たまにリスペクトのない人も来ます。

ただの「好き」だけで来ているのです。

「好き」は恒常的なものではないので、その時その時で動きます。

「好き」で来ていると、自分の人生が変わらないので、その人は暗くなります。

一見、好きで来ている人は明るくなるように思えます。

実際は、リスペクトで来ている人のほうが明るいのです。

14 リスペクトを持つと、味わい尽くせる。

30代は、迷う時代です。
まだ自分探しをしている人もいます。
会社を探し、仕事を探し、自分は何をすればいいかを探しているのです。
大切なのは、探すことより、今、自分が与えられた状況を味わい尽くすことです。
仕事は、受注産業です。
私はサラリーマンの時代に、自分で商品を選べませんでした。
もう終わっている商品、どう転んでも売れない商品を「なんとかして」と頼まれるのです。

それをなんとか売れるように、いいところを見つけていくという仕事を、さんざんしていたのです。

会社を辞めて1人で仕事をするようになってからも、「こんなのやってもらえませんかね」という頼まれごとを、ひたすら一生懸命してきました。

「あれしたい、これしたい」と探しまわることはないし、もちろん営業もありません。

探すエネルギーを、味わい尽くすエネルギーに変えていったのです。

味わい尽くすためにはリスペクトが必要です。

リスペクトがあるものは味わい尽くせるのです。

魚をきれいに食べる人は、魚を味わい尽くしています。

「魚っておいしいよな。捨てるところないよな」と思うのが、リスペクトです。

食べ物に対してリスペクトのある人、「命をいただきます」と思っている人は、ムダに残すことはありません。

食べ物をムダに残している人は、食べやすいところだけ食べて、食べにくいところは残すという汚らしい形になります。

それは、好き嫌いというより、リスペクトがないのです。

味わい尽くすためには、ベースとしてリスペクトを持つことです。

30代は、何かに対してリスペクトがある人とない人とにくっきりわかれます。

リスペクトがある人は、人生を楽しむことができます。

「楽しむ」と「リスペクト」は、まったく関係のないことのように思えます。

リスペクトがあるからこそ、楽しめるのです。

30代を
楽しむ方法
14

探すより、味わい尽くそう。

15

思考回路をたどることが、リスペクトだ。

サッカーを見に行って、ロナウドやメッシにリスペクトがあると、「今のあそこで、なぜ動かなかったのか」という深いところまで考えることができます。

「何やってるんだよ。ヘタクソ」と言うのは、リスペクトがないのです。

リスペクトがあると、「普通はあのポストは怖くて狙えないけど、そういうところを狙うんだよね」というところまで味わうことができるのです。

トップアスリートは、観客には理解不能なところまで行っています。

それに対して文句を言うのは、プロ棋士の将棋に文句を言うようなものです。

普通の人は、プロがどこまで読んでいるかはわかりません。

リスペクトがあると、「この手は何か意味があるんだろうな」と思えるのです。

将棋の名人たちは、昔の棋譜を並べて研究します。

そのベースは、リスペクトです。

棋譜は指した結果だけが残っています。

研究は、指した結果、どう行くかを予測することではありません。

何を考えて指したかという思考回路をたどることです。

ここにリスペクトがあるのです。

30代を楽しむ方法 15

プロに文句を言わない。

16 ホンモノを見ることで、ワクワクできる。

書道の先生に対してリスペクトのある人は、先生が書いているところから目を離しません。

先生にお手本を書いてもらっている間、見ないで1人で練習している人がいます。

その人は、先生の字だけをリスペクトしているのです。

一番大切なのは、先生の筆の動き、体の動き・呼吸・リズム感を見ることです。

書いた字は、いつでも見られます。

むしろ、字はいっさい見なくていいのです。

書道家の武田双雲さんが、その場でサインを入れてくれたことがあります。

双雲さんが実際に書くところを横で見ることができるのです。

こんなにドキドキする瞬間はありません。

「ウワー、こういうリズム感で行くんだ」というのが楽しいのです。

墨がボトッと落ちて、「これをどう使うんだろう……。おお、そう使うか」というところがワクワクするのです。

これがリスペクトがあるということです。

ワクワクは職人さんに対するリスペクトから生まれるのです。

30代を楽しむ方法 16

リスペクトしている人から、目を離さない。

17 リスペクトすることで、観察力がつく。

子どものころ、たこ焼屋さんがたこ焼を焼いているところを見るのが好きでした。

「そうか。ああやってまわすんだな」というのを、ずっと見ていたのです。

それが、たこ焼屋さんに対するリスペクトです。

待っている時間にスマホを見ているのは、リスペクトがないのです。

「モノをもらえば、それでいい」という態度です。

実際に自分がやってみて、できなかったことを体験していると、それをしている人にリスペクトが生まれます。

リスペクトがあると、深い所が見えてくるのです。

観察力は、その対象にリスペクトを持てば、おのずとついてきます。

必死で見ようとすることで、観察力がつくのではないのです。

私はコピーの世界で育っています。

電車の中吊り広告を見ると、句読点1個まで気になるし、どんなタレントを使っているかも気になってしょうがありません。

その世界で苦労してきたので、ここに至るまでの紆余曲折がわかるのです。

何かの世界で苦労していると、バックヤードがわかります。

そこにリスペクトが生まれて、味わい尽くせるようになるのです。

30代を
楽しむ方法
17

何かの世界で、苦労しよう。

18 リスペクトは、人だけでなく機会にもある。

リスペクトは、人にだけあるのではありません。

リスペクトは、機会にもあります。

ビジネススクールには「ファシリテーター」という役割の助手がいます。

ファシリテーターは、授業の最初の1分に、今日の授業の受け方とか前回のレビューを生徒にアドバイスします。

あるまじめなファシリテーターは、最初は話すことをきちんと準備していました。

それがだんだん、おざなりな雑談とか挨拶になっていきました。

それは、人前で話をさせてもらう機会に対するリスペクトがないのです。
いつの間にか、「機会」が「しなくてはいけないこと」になって、アドバイスではなく、挨拶になってしまったのです。

企業などでも、朝礼で部下に対して何か話をすることがよくあります。
「話をしなければならない」と思った時点で、リスペクトがないのです。
リスペクトがあるならば、どんな話をしようか延々考えて、その1分を生かそうとします。

パーティーでつまらない挨拶をする人が多いのも、人前で話すことにリスペクトがないからです。

アメリカでは、人前で話すことは極めて貴重な時間であるという教育を受けています。

アメリカの国内線に乗ると、ビジネスマンはみんなスピーチの練習をしています。

アメリカ人はスピーチがうまくて、まるで雑談のように話すと思われていますが、違います。

ああでもない、こうでもないとブツブツ言いながら、原稿をつくって、練習しているのです。

人前で話すという与えられた機会をリスペクトしているからです。

自分に与えられた1回の機会を、もっとリスペクトしたほうがいいのです。

リスペクトのないものは、結果として手に入らないのです。

30代を
楽しむ方法
18

機会に、リスペクトを持とう。

19

リスペクトのないものは、結果として手に入らない。

ビジネススクールでファシリテーターがおざなりの挨拶をしたら、「義務のつもりなら、次からはしなくていい」と言っています。

生徒がプラスになる話をするために、その1分の時間があるのです。

1分の時間は生徒からもらったものです。

その時間を、今思いついたような雑談で使ってしまってはいけないのです。

私は、仕事でしている授業に対しても、集中して準備をしています。

その機会に対してリスペクトがあるからです。

まれなものに対しては、誰もが貴重だとわかります。

日常的なルーティンに対しては、リスペクトが希薄になるのです。

無料のモノに対しても、リスペクトは希薄になりがちです。

私は、パーティーを主催する人に「来賓の祝辞をする人からはスピーチ1分につき10万円とるといいよ」と言います。

グダグダ話で大ぜいの時間を奪わないようにするためです。

パーティーの主催者は、長々とスピーチをする人に苦労しています。

1分10万円の仕組みなら、話が長ければ長いほど稼げます。

それを聞いている人たちにも還元できるのです。

30代を
楽しむ方法
19

みんなの時間をムダにしない。

20

「詐欺だよ」と教えてくれる先生を持つ。30代でも、振り込め詐欺にかかる。

30代は、全員、詐欺にかかります。

かかる人と、かからない人がいるのではありません。

20代は、まだお金がありません。

30代は、そこそこお金があります。

詐欺にかかるのは、お金があって、しかも焦っている人です。

20代は、あたふたしていて、焦る余裕もありません。

30代は、焦っています。

自分では14歳の時に「ビル・ゲイツになりたい」と思い立ち、「25歳でマイクロソフトを買収する」という計画を立てたのに、気がついたら30歳で、まだ何者にもなっていないのです。

やる気があって一生懸命な人ほど、焦りが生まれます。

そんな時に、いい話が転がり込んでくるのです。

詐欺に遭っても、手付金の１万円で終わる人と、全財産をごっそり奪われる人とにわかれます。

わかれ目は、相談できる先生がいるかどうかです。

手付金を払った人が先生に「今度こんないい話があって」という話をすると、先生は、ひと言、「それは詐欺だよ」と教えてくれます。

全員が30代で詐欺にかかっています。

先生には、詐欺かどうかが一発でわかるのです。

素直な人は、手付金1万円の被害で終わります。

先生がいなかった人は、そのまま全財産を奪われるのです。

詐欺にかかるのは、高齢者ではなく、30代です。

全財産がごっそりなくなるくらいなら、まだいいのです。

借金まで生まれてしまうと、返すのに大変な人生を送ることになるのです。

まずは先生がいて、その先生のアドバイスを聞いて、「危なっ」と、止まれる人はセーフです。

2人に1人が先生のアドバイスを聞けないのです。

焦っている時にいい話が来ると、舞い上がってしまいます。

舞い上がった状態でもアドバイスを聞ける先生が、リスペクトしている先生です。

先生の位置が低いと、舞い上がった気持ちに負けて、「先生はなんで僕のいい話を邪魔するんですか。ヤキモチをやいているんですか」という解釈になります。

結果として、その人は先生を失います。

これが痛いのです。

お金はまた取り戻せます。

失った先生は取り戻せません。

先生の側からは、どうしようもできないのです。

先生は、その人のことを許しています。

それなのに、その人は何回も同じことを繰り返して、1回では終わらないのです。

リスペクトのない人は、焦りがあります。

リスペクトがある人は、焦りがありません。

「先生についていけば間違いない」と思っているからです。

先生へのリスペクトが緩んできた時に、焦りの芽が出てくるのです。

30代を
楽しむ方法
20

先生のアドバイスを信じよう。

21 つくってくれたモノに集中することが、つくってくれた人へのリスペクトだ。

レストランで料理の写真を撮ることは、料理に対しても、料理をつくってくれた人に対しても、リスペクトがありません。

大衆食堂でも、短パン・ビーサンではなく、きちんとした格好で行くことがリスペクトです。

料理をつくっている人は真剣です。

お店でスマホを見ながら食べている人は、けっこういます。

家でそれをすると、親に怒られます。

むしろ怒られて当然です。

それを食べ物屋さんで親でもない人にしていいのかということです。

料理をつくる人は、ながら食べをしてもらうために料理をつくっているわけではないのです。

つくってくれたモノに集中することが、つくってくれた人に対するリスペクトなのです。

30代を
楽しむ方法
21

食べる時は、料理に集中しよう。

22
吉方位旅行のアドバイスを聞いても、「休めない」とチャンスを逃がす。

占い師さんに、「○月○日に、○○の方向に行けばいい」というアドバイスをもらいました。

いわゆる「吉方位《きちほうい》旅行」です。

吉方位旅行は、日にちも方角も決まっています。

東京で「南西の方角」と言われたら、近くなら伊豆、遠くなら台湾とかです。

不思議なことに、このアドバイスの期日は「明日まで」と言われることがほとんどです。

このアドバイスを聞けた人は、運の強い人です。
昨日までではなく、明日までチャンスがあるからです。
ほとんどの人は、明日は仕事です。
ここで会社を休める勇気があるかどうかで、大きくわかれます。
「明日は休めないので、その次はいつ来ますか」と聞くと、たいていは半年先です。
半年先に、また日にちと方角を聞きに行きます。
ところが、また休みがとれないのです。
半年先に延ばしている人は、永遠に行きません。
アドバイスを生かせる人は、明日の仕事を休んで行く人なのです。

30代を
楽しむ方法
22

会社を休める勇気を持とう。

23 素直な人が、人生を楽しむことができる。

たとえば、結婚願望のある人が、仕事を休んで吉方位旅行に行きました。

距離が遠いほうが効果が大きいと聞いて、伊豆ではなくて、台湾まで行きました。

高いツアーのほうがいい出会いがあるに違いないと思って、奮発して高いツアーにしました。

それなのに、なんの出会いもなかったのです。

ここで「だまされた」と思うのは間違いです。

吉方位旅行は、「帰ってきてから」いいことが起こります。

焦っている人は、行った先で出会いがあると思いこんでいます。

「あの占い師さんはひどい」と言った時点で、運を逃すのです。

人生を楽しめる人は素直です。

初期の目的は、いつの間にか忘れてしまっています。

それが「楽しむ」ということです。

初期の目的にしがみつく人は、楽しめないのです。

たとえば、台湾に行った人が、たまたま博物館に行って、磁器とか美術品に興味を持つようになります。

その後、大学の美術講座を受けに行くという展開になります。

途中で別のことが面白くなって、最初の「出会い」という目的を忘れてしまいます。

そういう人に出会いがあります。

出会いを探しまわっている人は、目がギラギラして、まわりからは完全に浮いてしまうのです。

「楽しむ」とは、本来の趣旨とは違う横のところにあります。

最初の目的意識が先行しすぎると、横にある楽しみに気づかなくなります。

たとえば、野球場に野球を見に行った時に、自分のひいきのチームはボロ負けしていました。

そういう時は、食べることで楽しめばいいのです。

楽天の球場に行くと、牛タンだけでも様々なメニューがそろっています。

一大レストランです。

それを楽しむ余裕があるかどうかです。

目的以外を楽しむ余裕を持てば、いろいろなモノにめぐり合えるのです。

30代を楽しむ方法
23

最初の目的以外の楽しみを見つけよう。

第3章

30代は背伸びする場所に行く。

24

背伸びをする場所に、行く。

30代では、通常行かないような背伸びをする場所に行くことが大切です。

たとえば、京都のカウンター割烹のお店や一流ホテル、一流ホテルの靴磨きのオジサンのところです。

一流ホテルの散髪屋さんは、本当に偉い人しか行っていないので、どうしようもないくらい緊張します。

緊張して、楽しむどころの騒ぎではないようなところに、あえて行くのです。

楽しみは、緊張の向こう側にあるのです。

思いきり緊張したあとは、ホワーッというなんともいえないドーパミンが出る瞬間があります。

ラクでくつろげるような場所、アメリカ人の旅行者がみんなビーサン・Tシャツで来るような場所にいつもいたのでは、その人は永遠に楽しみを感じることはできません。

30代のうちに、背伸びをしなければ行けないような場所に行っておけばいいのです。

そういう場所に行くと、思いきり恥をかきます。

知らないことに対しても、「あなた、間違っているよ」とは言ってくれません。

それが一番顕著なのは京都です。

相手の浴衣の着方が間違っていても、「いやぁ、器用に浴衣着てはるね」「そんな着方もあるんやね」とほめます。

その時に「ありがとうございます」と言うのは、バカにされていることに気づいていない人です。

大阪弁と違って、京都弁は、けなす時にほめるのです。

それがあとからわかった時に冷や汗が出ます。

そういう失敗で恥をかく体験を30代にしておくのです。

恥をかかないで成長することはできません。

マナーを身に付けるコツは、知らないことに直面して恥をかくことです。


「あなた、間違っているよ」と言われるのは、20代までです。

社会人になりたてのころは、上司が言ってくれたり、お客様が怒ってクレームを出してくれます。

30代になると、「しょうがないな、あいつ」と思われて、ほったらかしになります。

その時に恥をかいて気づくことです。

「あ、自分はまずいことをしていた」と、背中で汗をドッとかくことがあります。

恥をかくことが多い人は、気づいている量が多いのです。

自分にとって快適な場所ばかりでなく、背伸びをするような場所に行かないと、恥をかく場面には出会わないのです。

30代を
楽しむ方法
24

恥をかこう。

25 一流のお店で、切り捨てられる体験をする。

30代は、一流の専門店に行く必要があります。

京都でいうと、一見さんお断りのようなお店です。

一流のお店に行くと、テストがあります。

30代では、たいていはテストに通りません。

たとえば、リュックを背負って、オーダーメイドのスーツ屋さんに行くと、売ってもらえません。

近所の量販店を紹介されます。

これは、テストに落ちたということです。

ここで、

①「あ、落ちたか」と受けとめられる人

②「あの店は最低だ。サービスが悪い」と言う人

の2通りにわかれます。

「自分の何がいけなかったんだろう。そういえばほかのお客様はきちんとした格好をして買いに来ているのに、自分は短パン・Tシャツ・リュックで行ってしまった。これがいけなかったんだ。よし、今度は一番いい服を着ていこう」と考えるのは、落ちたことに気づいた人です。

「あの店は最低だ。ネットに書いてやる」となる人は、自分のレベルが1つも上がりません。

レストランでも、「あの店は高ビーな店だ」という悪口は、一流店にたくさんあります。

悪口は、「自分はテストに落ちた」と気づいていない人が言っているのです。
二流店は、誰でも受け入れます。
一流店は、お客様を選びます。

そうしないと、ほかのお客様の雰囲気を壊すことになるからです。

きちんとしたマナーで来ているお客様の快適さを保つために、リュックのお客様を排除するというのがお店の役割です。

「別のお店へどうぞ。こちら、○○でございますが」とあえて慇懃無礼なことを言って、マナーの悪いお客様が来ないようにします。

それは、今お店にいるマナーのいいお客様を守るためなのです。

30代を楽しむ方法 25

テストに落ちたことに、気づこう。

26 リュック、キャリーバッグは、子どもの持ち物。

大人になったら、リュックとキャリーバッグは卒業したほうがいいです。
これは子どもが遠足に行く時の持ち物です。
仕事をする時の道具ではありません。
今、大人のリュックは増えています。
理由は簡単です。
両手があいて、スマホができるからです。
スマホをしていると、目の前に会いたい人がいても気づきません。

自分が出会うべきの人のポスターが貼られていても気づきません。

これで自分の未来との出会いを失っていくのです。

リュックとキャリーバッグのもう1つのマイナスは、姿勢と服装を壊すことです。

私は「オーダースーツのお店を紹介してください」と言われると、少し迷います。

お店の宣伝にも営業にもなるし、紹介してあげたいのですが、反面、リュックを背負って行かれたら困るのです。

お店の人は、「遠慮なく紹介してください。説教して帰します」と言っていました。

残念な人は、それを「自分は客なのに、失礼だ」ととらえます。

失礼なのは、リュックで一流のお店に行く自分のほうなのです。

30代を
楽しむ方法
26

リュックとキャリーバッグを卒業しよう。

27 テングになることで、痛い経験を味わえる。

20代は、テングになれません。
30代は、そこそこうまくいくことがあるのでテングになれます。
テングになってはいけないということではありません。
テングになることが大切です。
テングになると、必ず痛い体験をします。
痛い体験をするためには、テングになる必要があるのです。
痛い体験から学んで、次からコツコツできる人は一生楽しむことができます。

実力ではなくて、運でテングになれることが30代ではあるのです。

この時に、テングになって、落ちて、そのまま学ばない人は、それで終わりです。

中には、テングにもなれない人がいます。

これはラッキーが来なかった人です。

ラッキーが来て、落ちたということは、人生を楽しむ一番いいコースに入っています。

これが作家のベストコースです。

若いうちに売れて、テングになって、痛い目に遭って、そこから学んで、一生の職業作家になっていくのです。

それで消えていく人もいます。

全員は消えません。

そこから学んだ人だけが残ります。

そのためには、できるだけ早いうちに1回、テング体験をしたほうがいいです。

30代を
楽しむ方法
27

テングになろう。

想像では、テングによる痛い体験はできません。

30代は、みんながその人に仕事の依頼をする時期があります。

それで、「どうせまた来るから」「これは永遠に続く」と思って雑にして、断ってしまうのです。

ちょうど30代に、1回テングバブル崩壊が起こるのです。

その経験がある人は謙虚になれます。

謙虚な人は、生まれついて謙虚なのではありません。

時代とは関係なく、テング体験と、テングバブル崩壊の体験を個人の中で持っているのです。

28

残念な靴を履いている大人は、いない。

30代で変えなくてはならないのは靴です。

いい靴を履いていて、姿勢・服装・しぐさのいい人とダメな人は両方います。

残念な靴を履いていて、姿勢・服装・しぐさがちゃんとしている人はいません。

それくらい靴は大切なのです。

パーティーに行った時に、一番見られるのは服装ではなく靴です。

たとえば、パーティーに1000人が集まりました。

みんなの足元をザーッと見て、ちゃんとした靴を履いている人のそばに行って話しかければ、それでチャンスがつかめます。

自分のまわりに誰も寄ってこないのは、自分がちゃんとした靴を履いていないということです。

靴は、その人の価値観が最も出るのです。

いいかげんにしている人は、思いきりいいかげんで、ちゃんとしている人は思いきりちゃんとしているという落差が激しいのが靴です。

これは、男性も女性も同じです。

女性の場合はもっと怖いです。

30歳にして、すでにオバサンの靴になっていく人がいます。

「この人はスタイルがよくて顔もいいのに、この靴はおやおや」という靴を履いているのです。


ラクな靴を履き始めた時点で、一気にオバサンになります。

男性も、オバサンになります。

ここからは老化の一途です。

イタリア人が日本人に一番多く聞くのは、「あの人はなんであんなしょぼい靴を履いているんですか」という質問です。

イタリア人は靴の文化です。

日本人は下駄の文化が終わってまだ150年しか経っていないので、靴の選び方にはまだ個人差が大きいのです。

だからこそ、上質な靴を履いて頑張る人はチャンスをつかめるのです。

30代を楽しむ方法 28

上質な靴を買おう。

29 基本を知らないと、流行りをマネしてしまう。

20代は、小僧なので、流行りをマネしていてもまだ大丈夫です。

30代で流行りを追いかけていると、品のないことになってしまいます。

30代は、基本を知ればいいのです。

基本を知らないから、流行が正解だと思うのです。

丈の短い服、パツパツの服、細いピチピチのズボンは流行です。

基本は、時代とともに動きません。

流行りに振りまわされるのは、自分の軸がなく、スタイルを持たない人です。

ファッションには、モードとスタイルがあります。

モードは、流行です。

スタイルは、その人の基本です。

自分自身のスタイルをつくっていくのが30代です。

これは、お金と時間をかけないとできません。

スタイルをつくらないで、毎年毎年、流行りのものばかり着ていると、ちゃんとした人が集まったところでは浮いてしまいます。

「これ、お店で勧められたんです」と言って、流行りのものを着る人がいます。

お店が流行りのものを売るのは、売り切って在庫を残したくないからです。

「雑誌を見たらこれが一番オシャレと書いてあった」と言う人もいます。

雑誌には、流行りものしか載っていません。

ただし、オーソドックスなものをつくっている雑誌もあります。

これは一般に売られていません。

10万部売れるだけの読者層がいないからです。

オーソドックスは、人から学ぶしかありません。

雑誌という形態は、10万部売れないとペイしないので、流行りを追いかける必要があるのです。

「きちんとした人になりたいんですけど、どの雑誌を読めばいいですか」と聞く人がいます。

きちんとした人たちの情報源は先祖代々や職人さんなので、雑誌というメディアにはなりません。

きちんとした人になるためには、雑誌ではなく、人間をお手本にすればいいのです。

30代を
楽しむ方法
29

流行りに振りまわされない
基本を知ろう。

30

残念な人は、海外旅行に動画の確認に行く。楽しめる人は、カルチャーショックを受ける。

残念な人は、海外旅行で「これ、動画で見た。これも動画で見た」と、はしゃいだり、インスタのための写真を撮ります。

以前はＴＶで見たことの確認でしたが、今は動画で見たことの確認です。

人生を楽しめる人は、カルチャーショックを受けに行くのです。

私も30代は海外に行く仕事が多くありました。

英語圏ではなくて、英語圏外のカルチャーショックは大きいです。


ある進学校の卒業旅行は各自で海外旅行に行くそうです。

行き先は、英語圏以外の国です。

狙いは、カルチャーショックを受けることです。

きれいな文化的施設、美術館や建造物など世界遺産的なものの情報は世の中にたくさんあふれています。

そのホンモノを見ることももちろん大切です。

そのほかに、現地に行かないとわからないような、いわゆる世界遺産ではない、その国の文化に触れた時に、心が痛むくらいのショックを感じることがあるのです。

詐欺に遭うだけでも「ウワッ、これが現実なのか」というカルチャーショックを受けます。

ある国に行くと、タクシーに乗った瞬間、タクシーの運転手さんから「これ、ニセ札だから使えない」と言われました。

現地の両替所でニセ札と交換されたのです。

すべての元締は警察です。

これはどうしようもありません。

そういう国もあるのです。

凄い押し売りが来て、助けてくれた人がコンビという詐欺も基本です。

日本にいると絶対に出会わない、「ウワッ、こういうことが世の中で起こるんだ」「小説じゃなくて、こういうことが現実にあるんだな」という出来事も、1つの現実として知ることになります。

これが、世の中のものの見方がわかってくるということです。


動画の確認は、日常の中で十分です。

自分が海外旅行で撮影したものより、公開されている動画のほうがよく撮れているということもあります。

海外では、うかうかしていると、日本に帰れないという状況もあります。麻薬を持たされたり、ヘンな風俗店に連れていかれて「これは犯罪だから。もうあなたは日本に帰れない」と言われたり、映画の『ミッドナイト・エクスプレス』のようなことが現実に起こるのです。

30代は、そういうカルチャーショックを受けてくることが大切なのです。

30代を
楽しむ方法
30

カルチャーショックを、受けよう。

31 留学するなら、語学より、意識を変える。

「留学はしたほうがいいんでしょうか」と聞く人がいます。

語学のためなら、駅前留学のほうがいいです。

留学で大切なことは、意識を変えることです。

言葉を勉強するなら、日本にいたほうができます。

外国に行くなら、外国の文化を学び、意識を変えてくることが大切です。

湯布院で、若者をイタリアに留学させるというプロジェクトがありました。

お金は湯布院から出ています。

その時、留学するシェフが言われたことは、「料理は1つもうまくならなくていい。そのかわり美術館をまわること。人脈をつくってくること」という2つです。

この教えは深いです。

これは、まさに30代でしなければならないことです。

美術館をまわっておかないと、イタリア料理はつくれません。

「イタリアの文化を肌で感じてこい」ということです。

人脈をつくるのは、「閉じこもっているな」ということです。

意識は、現場に行って生《なま》で触れないと変えられません。

語学留学なら、東京でも十分できるのです。

30代を
楽しむ方法
31

語学力をつけるより、意識を変えよう。

32

30代でしたムダづかいは、一生の財産になる。

30代は、テングになっていいのと同じで、「ムダづかいすること」が大切です。

ムダづかいは、30代にしかできません。

20代はまだお金がなくて、40代になると家族やほかのところでお金がかかってしまうからです。

ムダづかいとは、体験にお金をかけていくということです。

私にとってよかったことは、バブルを体験したことです。

バブルは国全体のムダづかいです。

それによって、いいものにはお金がかかるという体験ができ、「お金の多寡と楽しみはまた別の議論だな」ということも学べました。

この２つのことが学べるのがムダづかいです。

形として何も残る必要はありません。

バブルがはじけたあと、モノが安くなった当初は「なぜあのころ、これがあんな値段もしたのか。今それがこんなに安く手に入るなんて信じられない」と腹立たしく感じました。

それでも、一度ホンモノを体験したことは身に付きます。

ホンモノとニセモノの区別がわかるようになるのです。

ずっとムダづかいなしで何かを学ぶことはできません。

ムダづかいは、１つの大切な投資です。

投資で目に見えるリターンのあるものはムダづかいではありません。

一方で、リターンのないムダづかいがあるのです。

これは、理不尽で計算として合いません。

ただし、そこから学べる何かがあります。

「これはあまり意味がなかったな」「やっぱりいいものはいいよね」とわかることが学びです。

そのためにも、30代は思いきってムダづかいしていいのです。

30代を
楽しむ方法
32

ムダづかいして、学ぼう。

33 勉強しなければ、オシャレのお手本は見つからない。

オシャレになるためには、「お手本」を持つことが大切です。

先生が見つからないのと同じように、「私のまわりにはお手本が見つからない」と言う人がいます。

身近にお手本はいません。

身近にいるのは、自分と同じぐらいのレベルの人ばかりだからです。

お手本になるのは、自分よりも上のステージの人です。

お手本は、勉強しなければ見つかりません。

勉強しないと、何が正解で何が間違いかわからないので、平気で間違いをしてしまいます。

今、自分が所属している集団にはお手本はいません。

勉強して、今のコンフォートゾーンを抜け出し、お手本を探しに行けばいいのです。

30代を楽しむ方法
33

オシャレのお手本を持とう。

34 「めんど臭さの美学」を、身に付ける。

楽しいことは、一方では「でも、めんど臭いんだよね」と思うことがあります。

世の中は便利で効率がよく、めんど臭くない方向へどんどん向かっています。

それで「面白くない」と言うのです。

当たり前です。

楽しさは、めんど臭さの中にあるからです。

めんど臭いことをするから楽しさが生まれてくるのに、ラクなことをして「面白くない」と言うのは、矛盾しています。

「めんど臭いことの美学」を身に付けるのが30代です。

ちゃんとネクタイを締めて、スーツを着るというのは、めんど臭いことです。

Tシャツ・短パンのほうがずっとラクです。

それでも、「普通、ここはこんなにめんど臭いことをしなくてもいいんだけどね」

ということをする余裕を身に付けると、楽しさが生まれます。

フックでかける蝶ネクタイは、なんちゃって蝶ネクタイです。

やがて、男性のネクタイもなんちゃってネクタイになる可能性があります。

子ども用のフックでかけるネクタイと同じです。

本来、蝶ネクタイは自分で結ぶものです。

セルフタイを結べることが大切です。

セルフタイはなかなか大変で、結び方を覚えるためには、手がつるような修業がいります。

買ったあと、１００本ノックをする必要があります。

結び方も、先生が結ぶのを見よう見マネでするしかありません。

セルフタイを買うと、「結び方」という小さい紙が入っています。

ヒューッとヒモが入っていくような絵が描いてありますが、よくわかりません。

動画を見ても、1つもわかりません。

よく、「先生、結び方を撮らせてください」と来る人がいます。

画像で撮っても、細かいところはまったく見えません。

最初に先生がしている魔法のようなことを、なんとなく雰囲気でつかみます。

「ここに通すと、ここに指が入る穴があるでしょう。その穴に薬指をひっかけて」と、両手の5本の指を全部使わないと結べません。

手がつるのです。

買ってきたら、まず1日100回のペースで2週間練習すると結べるようになります。

そうしないと、パーティーの日に結べなくて間に合いません。

2時間で結べたら「ラッキー」と言われるほどです。

直前に結び始めたために来ないという人もたくさんいます。

中谷塾で、蝶ネクタイはセルフと決めると、

「○○君、来ないね」

「今、トイレで必死に格闘しています」

ということがあります。

1時間ごとにトイレに入る清掃のスタッフが、「まだ結んでいる」とビックリするのです。

そういうめんど臭いことの積み重ねから楽しさが生まれるのです。

30代を
楽しむ方法
34

めんど臭いことをしよう。

35 継続は、美なり。

昔から「継続は、力なり」と言います。

実際は「継続は、美なり」です。

習いごとや勉強、仕事などのすべてについて、何かを継続することによって、その人の美しさが生まれるのです。

身なり、立ち居ふるまいの美しさだけではなく、生き方の美しさも生まれます。

老舗や伝統芸能が美しいのは、長く続いているからです。

新しいモノは、「新しさ」しかありません。

長く続いているモノに価値を感じるのが30代です。

20代までは、「みんなが知らないモノを持っている」という新しいモノに価値がありました。

30代からは、長く続いているモノ、古くからあるモノを知っているという価値観に目覚める必要があります。

人生は80歳までと考えると、30代から始めても50年しかできません。

長く続けるモノのスタートとしては、30代から始めればいいのです。

美しいモノには、必ず力があります。

最低10年続けるモノを持つと、美しい生き方に繋がるのです。

30代を
楽しむ方法
35

最低10年続けるモノを、持とう。

第4章

30代は
逃げ遅れた仕事に、
チャンスがある。

36

社長の意識で、仕事をする。

30代になったら、社長の意識で仕事をすることが大切です。

コピー用紙1枚やボールペン1本、トイレットペーパー1個でもムダづかいしないということです。

この意識があるかないかで、まったく変わります。

コピーミスをして、「ミスしたものは仕方ないでしょう」と言いますが、ここにはお金がかかっているのです。

トイレットペーパーにもボールペンにも、お金がかかっています。

社長の意識は、会社のお金をどれだけ節約できるかということです。

偉そうにするとか、上から目線になることではありません。

すべてのことに原価意識を持って、あらゆることにお金がかかっていると考えることなのです。

使われる側から使う側の意識に変わると、読む本も変わってきます。

30代で30代向けの本を読んでいるだけではダメです。

モテない男がモテないのは、「モテない男向けのモテるための本」を読んでいるからです。

それなら女性向けの本を読んだほうがいいのです。

モテない男は男性誌ばかり読んでいます。

モテる男は女性誌を読んでいます。

ここの違いです。

自分よりも上の年齢の本を読むことが、大人の楽しみ方です。

むずかしくてわからなければ、勉強すればいいのです。

小学生のうちに中学生向け、中学生のうちに大学生向け、大学生のうちに社会人向けの本を読んで、30代のうちに社長になった時のことを勉強しておくのです。

サッカー日本代表のキャプテン、長谷部誠選手は、将来、監督を目指しています。

長谷部選手は今、キャプテンの勉強ではなく、監督の勉強をしています。

だから、蓄積が効くのです。

長谷部選手は、監督の勉強をしているプロセスにあります。

キャプテンの勉強をしているだけなら、そこで終わりです。

監督の勉強までしているから、キャプテンができるのです。

30代を楽しむ方法 36

年上向けの本を読もう。

37
逃げ遅れた仕事に、チャンスがある。

30代は中間管理職の時代です。

中間管理職は、しんどいのです。

社長でもなれば、現場でもありません。

楽しい仕事ばかりならいいのですが、楽しくない仕事もあるのです。

仕事では「逃げ遅れる」ということが起こります。

仕事には、手間がかかって、収益が上がらなくて、評価もされないのに、責任ばかり生まれる仕事があります。

目先が効く人間、要領のいい人間、立ちまわりのうまい人間は、どんどん逃げていきます。

これは一種の社内遊泳術です。

私は完全に逃げ遅れてしまったことがあります。

敵の捕虜になるような状態です。

そこで私は多くのものを学びました。

チャンスは、見た目がおいしそうな仕事には来ません。

本当は逃げようと思っていたのに、逃げ遅れて、必然的に置き去りにされた時にチャンスがまわってきます。

「逃げ遅れて仕方なく敗戦処理をしている」という意識ではなく、そういう仕事ほど一生懸命したほうがいいのです。

スポーツにも仕事にも「消化ゲーム」があります。

消化ゲームを消化ゲームとしてしないことが大切です。

たとえば、広告代理店の仕事は競合の仕事です。

30代の時、私はある銀行の担当になりました。

２つの銀行が合併したのですが、どちらも博報堂の担当ではありません。

それぞれおつき合いのある広告代理店が合併した銀行の広告を打つ時に、２つのうちどちらにするか、コンペで決めることになりました。

２つだと角が立つということで、混ぜられた仕事です。

最初からない仕事なので、上のほうが逃げてしまって、私にチャンスがまわってきたのです。

この時点で、すでに責任者です。

ここで1本、くさびを打ちに行きました。

とにかく覚えてもらおうとしたのです。

次の目標は、次回のプレゼンに通ることではありません。

次のプレゼンに入れてもらえるために企画を持っていったのです。

この役割は、けっこうやりがいがありました。
最初から悲惨な負け試合にチャンスがあります。
おいしい仕事は、みんなが来るので出番はありません。
逃げ遅れた仕事だからこそ、30代が責任者になれるのです。

30代を楽しむ方法 37

逃げ遅れた仕事で、チャンスをつかもう。

38 チャンスが来た時、「なぜ自分」と考えていては、逃してしまう。

30代は、チャンスが転がってきます。

チャンスが転がってきた時に、つかめる人と逃す人がいるのです。

逃す人は、せっかくチャンスが来ているのに「なんで私？」と、止まります。

「そんなおいしい仕事が、なんで私のところですか」と考えている時間がもったいないです。

「エッ、なんで私なんですか」と言った時点で、「じゃ、ほかのヤツに頼むから」とチャンスを逃すのです。

イヤな仕事を逃すなら、「なんで私？」でもいいのです。

イヤな仕事だけではなくて、いい仕事、したかった仕事が転がり込んできた時でも「なんで私？」と、グズグズ言う人がいます。

これが、30代でチャンスを逃す人のパターンです。

せっかく僥倖《ぎょうこう》に恵まれたにもかかわらず、「なぜ自分に？」と言うのが、負のスパイラルへ入って、人生を楽しめない人です。

これは男性に多いのです。

女性は「やっぱり私かな」と、スッと受けとめられます。

男性マンガと女性マンガの違いと同じです。

男性マンガは、主人公は必ず修業して、ある力を手に入れます。

女性マンガは、なぜか主人公が選ばれて、それをスッと受け入れます。

男性が女性マンガを読めないのは、「これは都合がよすぎるだろう」と思うからです。

ピアノに興味のない主人公がたまたま遊びでピアノを弾いたら、それを先生が見て「君には才能がある」と言うのが、少女マンガの基本プロットです。

そういう話をスッと読めるのが女性です。

チャンスが転がり込んできて、「私、これに対して苦労も準備も何もしていないですけど」と言う人には、私は「心配いらない。苦労はあとで来るから」とアドバイスします。

とりあえずチャンスをつかんでおかないと、その苦労もできないからです。

あとで苦労が来るので、人生はバランスがとれています。

転がってきたチャンスは、グズグズ言わないでつかむことが大切なのです。

30代を
楽しむ方法
38

チャンスが来た理由なんか、
考えない。

39 残念な人は、時給で稼ぐ。楽しめる人は、ファイトマネーで稼ぐ。

残念な人は、時給感覚で働きます。

これが長時間労働に繋がるのです。

「上司より長く残って頑張っているところを見せて、たくさん給料をもらおう」「朝から晩まで長時間会社にいるというところを見せよう」とするのは、時給いくらで働く感覚です。

本来、仕事をしてもらう給料はファイトマネーです。

ファイトマネーは、ボクサーと同じです。

ボクシングの試合に参加する時にもらえるお金を「出場給」といいます。

チャレンジに払われる金額です。

勝つと、勝利給が出ます。

仕事の給料は勝利給のあるなしにかかわらず、自分のファイトに対して払われる金額なのです。

時間いくらの問題ではありません。

ボクサーが時給になることはありません。

「何ラウンド戦ったのでいくら」「何歩走ったからいくら」となってしまうと、面白くありません。

儲かる・儲からないではなくて、時給で受け取っているのか、ファイトマネーとして受け取っているのかで、自分の中での満足度が変わります。

仕事とボクシングはかけ離れているようですが、すべての仕事はボクシングのようなものです。

ファイトです。

その仕事にはグローブをぶつけて向かっていくことです。

試合に出ることが大切であって、机に長時間向かっていることが大切なのではありません。

時給では人生を楽しめません。

たとえノックアウトで負けても、机に向かって座るのではなく、マウスピースを飛ばされるパンチを食らっていくような仕事をすることが大切なのです。

30代を
楽しむ方法
39

時給ではなく、ファイトマネーで稼ごう。

40

副業よりも、本業で鍛えられる。

転職を考える人は、

①　同業他社に移ろうとしている人

②　まったく仕事を変えようとしている人

の2通りにわかれます。

自分の特技を鍛えようと思うなら、副業より本業で鍛えることです。

残念な人は、自分の本業を離れて副業で何かを鍛えようとします。

そのほうがラクだからです。

本業でうまくいかないと、それに対して責任を背負わざるを得ません。

自分の専門外に関しては、うまくいかなくても「だって専門外だし」と逃げられるところが、いまいち覚悟を持ちきれないポイントになります。

もう1つは、自分の本業の価値に気づかないことです。

「本を書きたいので、ちょっと原稿を見てください」と言われて原稿を見せてもらうと、「なんで本業の話を書かないの?」と思うことが多いのです。

自分の本業の話は、ほかの世界の人から見ると凄く面白いものです。

自分が専門外で知らないことを書いて、「このほうが珍しいでしょう」と言っても、「珍しくないよ。それは誰もが知っていることだから」となります。

能力を伸ばしていく時は、本業で鍛えられます。

本業とは、子どもの時から鍛えられていることです。

私の場合は、実家がスナックをしていたので、1つはサービス業です。

もう1つは、父親が昼間に染物屋をしているので、職人の世界です。

子どもの時から、どちらも徹底的に叩き込まれています。

学校へ上がる前から家業で鍛えられたのです。

大学時代は映画で鍛えられ、会社に入ってからは広告で鍛えられました。

それらがベースになって、本を書く↓人前で話す↓人を育てるという今の仕事に繋がっています。

私の中では、今まで本業から離れたことは1つもありません。

「こんなの当たり前じゃん」「こんなのは誰でもできるよ」と思えることが本業であり、その人の強みです。

30代は自分の本当の強みに早く気づくことが大切なのです。

30代を
楽しむ方法
40

本業で、能力を伸ばそう。

41 勉強していることが、当たり前な場所に行く。

転職を考える時は、次の職場が勉強するのが当たり前の場所かどうかで判断をします。

職種によっては、

① 資格を取って、どんどんいろいろな仕事の幅が広がっていく場所

② 資格はいっさい関係なしに、いつまでたっても同じ仕事をし続ける場所

の2通りがあります

アフリカから来ている人でも、資格が取れる会社に勤めて、責任者になっている

場合があります。

いつの間にか日本語もベラベラで、フォークリフトの資格まで取って、現場を仕切っているのです。

そういう職場を選んだことが偉いです。

一方で、そこそこ給料がよくて、いろいろな条件も整っていて、しんどくもなくて、休みもとれるけれども、未来のない職場もあります。

それは、成長がないということです。

それよりは、**勉強しなければならないけれども成長できる場所を選ぶことです。**

たとえば、休憩時間に本を読んでノートをとって勉強していました。

そうすると「何、勉強なんかしてるの？」とひやかす職場があるのです。

そういう職場にいる必要はありません。

「帰りにごはん食べに行こう」と誘われて、「いや、今日は英語の学校があるので」

と答えると、「じゃあ、頑張って」と言う人と、「いいじゃん、そんなの。たまには休め」と言う人がいます。

勉強するのを当たり前にしている人たちと、勉強しないのを当たり前にしている人たち、どちらの集団に所属しているかの違いです。

勉強しないのを当たり前にしているところで勉強をすると、「おまえ、ちょっと浮いてるよ」と言われます。

和を乱すからです。

そういうところでは、ちゃんとした格好をすると「おまえは辞めるのか」「転職の面接に行っているのか」と言われます。

進学校は、勉強しているのが当たり前の学校です。

授業中よりも休み時間のほうが生徒は勉強しています。

数学の問題でも、授業中より友達同士の会話のほうがレベルが高いのです。

これが「勉強するのが当たり前」の集団です。

そんなところにいると、先生も勉強せざるを得ません。

数学ができる子がどうしても100点を取れないような問題をつくろうとして、先生たちは悩みます。

数学の先生が集まって、「こいつに100点を取らせない問題にしよう」とウンウンうなりながらつくっても、結局100点を取られているのです。

そういう学校は、先生も生徒も死ぬほど勉強しているのが当たり前です。

人間は、勉強が特殊なことではない場所に行くことで成長するのです。

30代を
楽しむ方法
41

「なんで勉強なんかしてるんだよ」と言う場所を、抜け出そう。

42 不運で、ショックに耐える訓練をしておく。

30代は不運な出来事もよく起こります。

これは、自分のせいではありません。

自分のせいではないことが起こった時に、ショックに耐える訓練をしておく必要があります。

このあとの40代、50代には、もっと大きなショックが来るからです。

30代で理不尽なこと、自分のせいではないことで不運を体験している人は、40代で不運が起こった時に、それほどショックを受けないでいられます。

できるだけ若いうちにショックを体験しておくことが、自分自身のピンチに対する最高の研修になります。

その研修がないと、あとになればなるほど、しんどくなります。

理不尽なことが起きたと思った時は、「これは研修だな」と思っていればいいのです。

30代を
楽しむ方法
42

ピンチを、最大の研修にしよう。

43

失恋と不運は、視点を変えるキッカケをつくってくれる。

30代は、能力を伸ばす時代ではありません。ものの見方を変える時代であり、自分の価値軸をつくる時代です。

20代までの価値軸を、大人の価値軸に変えていく時です。

そのために大切な経験が、失恋と不運です。

恋愛でうまくいかなかったり、自分のせいではないのに運悪く理不尽なことが起こることがあります。

そういう時がものの見方を変えるチャンスです。

失恋とか不運が起こるのは、「今、この機会にものの見方を変えたら？」という神様のアドバイスです。

調子のいい時は、ものの見方は変えられません。

今までのやり方を続けるだけです。

調子の悪い時だからこそ、違う見方ができるようになります。


うまくいっている人間に「ものの見方を変えなさい」と言ってもムリです。

うまくいっていない人も、

① **うまくいっていないからこそ、変えられる人**
② **「うまくいっていないから変えられない」と言う人**

の２通りにわかれます。

「うまくいっていないから変えられない」と言う人は、「うまくいっている時なら変えるけどね」と言っています。
その人は、たとえうまくいっていても変えません。
うまくいっていないからこそ、変えるチャンスになるのです。

30代を
楽しむ方法
43

失恋と不運で、視点を変えよう。

44 結婚してもいい。結婚しなくてもいい。

30代は結婚問題が絡んでくる時期です。

大切なのは、結婚したほうがいいかどうかという議論ではありません。

「結婚は、してもしなくてもいい」というスタンスでいることです。

不登校の子どもに「学校に行きなさい」と言うと、ますます行けなくなるのと同じです。

学校は行ってもいいし行かなくてもいい、結婚はしてもいいししなくてもいい、転職はしてもしなくてもいいとなった時に、ストレスが消えるのです。

あらゆることは、「これしかない」と思った瞬間に楽しくなくなります。
ゴルフが好きな人は、ゴルフが楽しいのです。
「ゴルフをしなければならない」となった瞬間に、楽しくなくなります。
結婚も同じです。
結婚する生き方もあれば、結婚しない生き方もあるのです。
「結婚しなければ一生幸せになれない」と思い込んでいる人は、暗くなります。
暗くなると、出会いがなくなります。
たとえ出会っても暗い人を引き寄せて、結局、ハッピーな結婚はできないのです。
「結婚しません」と言っていた人に出会いがあって、突然、結婚することもあります。
もちろんＯＫです。
1回言ったから、それをずっと続けなければいけないわけではありません。
結婚に関する相談は、ほとんどが「私は結婚できますか」という内容です。
それに対するアドバイスは「してもしなくてもどちらでもいい」です。

「できますか」は、「しなければならない」が大前提になっているのです。

もう1つ、相談ごとで多いのは、「別れたいんですけど」という内容です。

「別れたい」と言っている人は、別れたいのに別れられないと悩んでいます。

そんなことは何もありません。

「子どものために別れられない」と言いますが、子どものために別れたほうがいいのです。

親がメソメソしていると、子どものメンタルにもよくありません。

将来、「あなたのために別れられなかった」と言われたら、子どもはハッピーになれないのです。

30代を
楽しむ方法
44

結婚をしなくてもいいと考えよう。

45

内弁慶では、社内恋愛・社内結婚・社内不倫になる。

20代は、まだよそ者の立場です。

その場にだんだんなじんできて、30代になると、自分のいる空間が極めて心地いい空間になります。

そのため、そこから外に出られなくなる危険があります。

そこで多いのが社内恋愛です。

コンフォートゾーンの閉鎖社会の中で多い3つのことは、社内恋愛・社内結婚・社内不倫です。

すべて社内で解決するという、いわば地産地消です。

外との接触がないので、一歩間違うと、すべて手近ですませるという現象になるのです。

広くもないけれども、狭くもない、そこそこの空間があるから、「恋愛も結婚も不倫も中ですませばいいじゃん」という状態が起こります。

社内恋愛・社内結婚まではいいです。

「同じ不倫するなら、外でしようよ。そこまでの根性はないのか。なぜ手近ですませるの？」という社内不倫を起こさないためには、なんでも近場で片づけることから抜け出す必要があるのです。

30代を
楽しむ方法
45

なんでも社内で片づけるのを卒業しよう。

46

想像は、人に伝えて練り上がる。創造は、行動して練り上がる。

20代は、先輩の企画や上司の企画を手伝わなければなりません。

30代は、自分のしたい仕事ができるようになります。

そのためには、自分で想像と創造の仕事をしていく必要があります。

ただ、想像と創造をどうしていけばいいかがまだわかりません。

想像とは、「自分はこんなことをしたいと思う」と人にどんどん話すことです。

話す時には興奮して、擬音語、擬態語を使うので、「それって、世の中にないようなこと?」「何がしたいんだ?」と相手に通じません。

「それって、具体的にどういうことなの？」と聞かれることによって、あやふやなところが浮き彫りにされます。

プレゼンで「これは画期的で、世の中にはないようなことなんです」と言っても通じません。本を書く人が「世の中にないような本を書きます」と言っても、その中身はわかりません。

それを具体的に人に話して、自分のぼやけているところがはっきりしてくることが想像のスタートです。

話しながら、痛いところや整合性のないところをツッコまれて、より形が具体的になるのです。

創造は、行動することで具体的になります。

「こんなものがあったらいいな」と思ったら、まず試作品をつくってみることです。

すぐ行動に移せばいいのです。

人にも話さない、行動にも移さないで「オレは世の中にない凄いことをするんだ。ビル・ゲイツ、スティーブ・ジョブズに勝つ」と言うと、それは「勝手にやってくれ」と言われます。

何をしたいか具体的に話していくことが大切です。

もう一方で、行動しなくてもネットの中に繭《まゆ》の状態になっていれば大丈夫という考えは、30代でチャンスを失う1つの危険性があります。

人に話すことで想像が生まれ、行動することによって創造が具体的になることで、チャンスがつかめるのです。

30代を楽しむ方法46

人に話し、行動しよう。

47 ＳＮＳ世代こそ、直筆の手紙で差がつく。

30代はＳＮＳ世代です。

ＳＮＳ世代に一番大切なことは、直筆の手紙です。

みんなが手紙を書いていた時代は、直筆の手紙にそれほど効果はありませんでした。

今は、直筆の手紙は貴重なものになっているのです。

私は本をお送りする時、必ず添え書きをつけます。

そうすると、大体は「本をありがとうございます」より「直筆の手紙をありがとうございます」と書かれます。

直筆の手紙は、私の中では当たり前の話です。

いろいろな人から本をもらった時に、プリントアウトしたものが添えられていると残念な気がします。

プリントアウトした文章の最後にサインだけでも手書きするなら、短くてもいいから、手書きのメッセージのほうがうれしいです。

SNSの時代だからこそ、直筆で手紙を書くことが貴重になっているのです。

30代を楽しむ方法
47

直筆の手紙を書こう。

48 書くことで、生まれ変わる。

30代で差がつくところは、どれだけ「手書き」で書けるかです。

昔は全員手書きでした。

私は手書きの世代なので、「手書きで本を1冊書いて」と言われても、いくらでも書きます。

今でもゲラは手書きでしか直せないので、1日のボールペンの消耗量が激しいです。

1本がすぐなくなります。

そのため、私のペンケースにはボールペン軸がゾロゾロ入っています。

それぐらい手書きの量が多いのです。

手書きに対しては何ら抵抗感がありません。

ネットで育っている30代は、手書きに対してのめんど臭さを感じます。

「すみません、先生、ペン貸してください」と、大学生でもペンを持っていない人はたくさんいます。

「ペンなしでよく学校へ来るな」と、不思議です。

いずれ学校での手書きが消えてしまう可能性があります。

手書きをすることは、自分の思考を整理する上で大切なことです。

私は図書館に行くとノートをとります。

文言を写しているのではありません。

その本を見ながら、自分の考えを整理します。

頭が考えているのではなくて、書くことでペンが考えてくれるのです。

「手が考える」というのは職人の発想です。

頭の中で浮かんでいることよりも、書き始めた時に手が勝手に動き始めて、手が考えてくれるというのが手書きのいいところです。

書くという行為は、「未来の自分との会話」です。

今いる自分から、未来のよりよい自分になるために何が足りないのか、その間を埋める補助線を書いていく作業が手書きです。

特に手書きの力は大きいです。ネット通販でも、売れる通販会社は、商品を送った時に手書きのメモが必ず添えてあります。

手書きのメモが添えてあるかどうかで、圧倒的にお客様のイメージは変わります。

手書きのものが減ってしまい、手書きフォントまである時代になっているので、手書きの力は逆に強くなっています。

たまに「すみません、名刺を持っていないので」と言う人がいます。

そういう時は、その場で書けばすむことです。

「すみません、ノートの切れ端でいいですか」と、ビリッと破って書く人もいます。

これが手書きの力です。

「ちょっとペンを持っていないので、覚えておいてあとで思い出します」と言っていると、アイデアはすべて消えていきます。

30代でいろいろなアイデアを思いつくチャンスがあるのに、その時にペンや紙がないのはもったいないです。

そのアイデアは永遠に出てこないので、たとえ3万円のシャツの袖に書いても値打ちがあるのです。

30代を
楽しむ方法
48

書くことで、未来の自分とキャッチボールしよう。

第5章

30代は仕事の楽しさより、自分の成長を楽しむ。

49 楽しめる人は、好きな人と苦労する。残念な人は、イヤな人と成功する。

楽しめる人は、ラクなことをしようとしているのではありません。
好きな人と、苦労するのです。
残念な人は、イヤな人と成功します。
これは、結局、ストレスが残ります。
人生を楽しんでいくためには、どれだけ好きな人と苦労ができるかです。
好きな人と楽しいことだけをしようとすると楽しめません。
好きな人と楽しいことをしたいとなった時に、「今、楽しいことありますよ。でも、それってイヤな人とだけど」ということが起こります。

好きな人と苦労するか、イヤな人と成功するか、どちらか2択になるのです。

好きな人と成功するということはありません。

イヤな人と苦労することもありません。

イヤな人との苦労は誰も選ばないから、迷いがないのです。

この2択の中で、好きな人とどれだけ苦労できるかが大切です。

仕事を選ぶ時に、「この人と一緒の仕事なら、イヤなことになってもいいな」と思う人と仕事をします。

自分もまた、そういう存在になることが大切です。

チャンスをつかむためには「この人とだったら、失敗しても許せるな」という人を選ぶのではなく、自分がそういう存在になって選ばれる必要があります。

たとえば、提案した企画が通りませんでした。

ボツは企画が落ちたのではありません。
自分自身が落ちたのです。

お客様にモノを買ってもらえない時は、モノが落ちたのではなくて、自分がお客様に対して、「この人が言うなら」と思ってもらえなかったということです。

30代は、人間的魅力と能力の2つにわけたら、人間的魅力をつけていけばいいのです。

人間的魅力とは、仕事ができる、頭がいい、カッコいいというだけでは不十分です。

「この人となら、失敗しても許せる」と思われる存在になることです。

30代からは、人間的な魅力のほうが大切なのです。

30代を
楽しむ方法
49

好きな人と、苦労しよう。

50 仕事の楽しさより、自分の成長を楽しむ。

「20代はガマンしたんだから、30代くらいは楽しい仕事をさせてよ」と思う人がいます。

楽しい仕事は、探しても見つかりません。

仕事の大半は、あまり楽しくないからです。

人生を楽しんでいる人は、自分の成長を楽しみます。

楽しい仕事はなくても、自分の成長は楽しいからです。

楽しくない仕事をしても、自分が成長することは可能です。

楽しい仕事をしても、自分が成長しなければ楽しくなりません。

それでは、自分が仕事のオマケになっている状態です。

仕事が主ではなく、自分のまわりに仕事があるようにしていけばいいのです。

うまくできない仕事は、次の依頼はないので大丈夫です。

「二度とやるか」と思っている仕事は、依頼主も二度と頼みません。

30代に楽しくない仕事をたくさんすることによって、楽しくない仕事を成長する材料に使って楽しむコツがわかってくるのです。

30代を
楽しむ方法
50

楽しい仕事を探さない。

51 同世代で固まっていると、成長しない。

20代は、どうしても同世代で固まるのです。

私も、20代のころの勉強会は、同世代ばかりで固まっていました。

それが30代になっても同世代で固まっていると、そこで成長は止まります。

価値観が同じ者同士だからです。

同世代の価値観は、あまり説明やコミュニケーションがなくても通じ合うものがあります。

同じＴＶを見て、同じ音楽を聞いて、同じ流行の中で育っているという価値観の共有があります。

好き嫌いは多少あっても、世代が離れると、バックグラウンドの価値観がまったく変わるので、そこにはコミュニケーションやロジック、説得の必要性も生まれます。

そこから得られる刺激は極めて大きいです。

海外に行くより、隣の席のオジサンと話をすることのほうがカルチャーショックは大きいのです。

まったく違う文化をぶつけ合うことによって、新しいものを生み出せるようになります。

そのためには、同世代で固まるのではなく、世代を超えたコミュニケーションが大切です。

会社のよさは、いろいろな世代の人がいることです。

むしろ同世代のほうが少ないくらいです。

私がラジオのＣＭをつくっている時のミキサーの辻さんは、私の父親と同じくらいの世代でした。

いつも親と同じくらいの世代の人たちと仕事をしていたのです。

効果音をつくってくれる大内さんという職人さんは、私のおじいさんと同じくらいの世代の人でした。

30代に、50代、70代後半の人と仕事をしていると、いろいろなものを学ぶことができます。

日ごろ、親やおじいさんとそんなに話をしないのに、仕事の現場では毎日顔を合わせるわけです。

会社や組織は、学校と違って、違う世代の人たちと一緒に何か仕事をできるからいいのです。

ハリウッドが活性化しているのも、若手とベテランが両方いるからです。

これが職人的な感覚です。

職人は、若手を育てながら、またさらに成長します。

若手は、職人から教わって、代々綿々と伝わっている目に見えない何かを受け継ぐことができるのです。

30代を楽しむ方法
51

30歳上の友達を、持とう。

52 頑張っている人は、頑張っている人が見えている。

ベンチャー企業「イマジニア」の会長兼ＣＥＯの神藏孝之《かみくらたかゆき》さんと一緒に湯布院に旅行した時のことです。

私は、朝起きて、ファンレターの返事を書いていました。

湯布院の消印で送り返したら、もらった人がうれしいかなと思ったのです。

そこに神藏さんが起きてきて、「これが中谷彰宏だ」と、感心してくれました。

こういうことに気づけるかどうかです。

本当に大切なことは、見えないところで起こっています。

見えているところだけで判断しないほうがいいのです。

頑張っているのに結果が出ていない人もいます。

出ている結果とはまったく別のところで、まだ結果が出ていないことを頑張っている人たちが世の中には大ぜいいます。

頑張っていない人は、ほかの人が頑張っているところが見えません。

頑張っている人は、頑張っている人が見えています。

「自分が頑張っている」→「ほかの人の頑張っているところが見える」→「自分もまた頑張りたくなる」という正のスパイラルへ入るのです。

海外旅行の飛行機の中で、映画が終わるとみんな寝ているかというと、そんなことはありません。

電気をつけて仕事をしている人が必ずいます。

それを見てしまうと、私は寝られなくなります。

目がさえてきて、「仕事をしよう」という気持ちになるのです。

30代を
楽しむ方法
52

運のせいにしない。

朝6時台の新幹線でも、みんな仕事をしています。

そういう人たちを見ると、運のせいになどしていられません。

運のせいにすると、「自分は運が悪いから」と、うまくいかない原因を運に押しつけることになります。

「あの人は頑張っているな」と思うと、「よし、自分も何かできることはないかな。頑張ろう」という気持ちが湧いてきます。

モチベーションは、湧かそうと思って湧くものではありません。

頑張っている人が目に入ることで、自然に湧いてくるものなのです。

53 頑張っている人がいることに、気づく。

20代のころは差がつかなくても、30代になると同世代の中でも差がついてきます。

チャンスをつかむ人、結果を出す人、うまくいく人、出世する人、稼ぐ人がどんどん出てきます。

その時に、「あいつは運がいいから」と言わないことです。

結果を出した人は、運がよくて結果を出しているのではありません。

結果を出した人間、実績を残した人間が、陰で何をしているかです。

見えないところでしていることを見る力をつけることが、30代では必要です。

一方で、「あいつは結果を出していないから、ダメなヤツだ」と言うのも、結果でしか物事を見ていません。

「あいつは結果を出していないけど、けっこう大物企画を狙っている」とか「地びき網で行きたいところで一本釣りを狙っている。あいつは根性がある」とか、その人間の頑張っている部分を見ていくのです。

30代では、「運がいい人」と「運が悪い人」はいません。いるのは「頑張っている人」と「頑張っていない人」の２種類だけです。

残念な人は、「30代は運がいいヤツと悪いヤツでわかれている」と思っています。

残念な人は、頑張っている人間が目に入らなくて、頑張っていない人間ばかり見ているのです。

一見、頑張っていなくて、本当に頑張っていない人もいます。

裏表なく頑張っていない人を見て、「ほらね。頑張っていないでしょう」と言うのです。
頑張っていない人間は、いくら見ても参考になりません。
見えないところで頑張っている人間は、世の中にたくさんいます。
それに気づくことが大切なのです。

30代を楽しむ方法53

頑張っている人を見よう。

54 自称「出る杭」は、会話が足りないにすぎない。

20代は、アシスタントとして仕事を覚える時代です。

30代になると、自分のしたいことが出てきます。

それがうまくいかない時に、「出る杭になって、上のほうからやっかみにあった」と言うのです。

これが、いわゆる自称「出る杭」です。

自称「出る杭」のほとんどは、「仕事ができないのは、自分が出る杭だからだ」という言いわけをします。

違います。

その人が仕事ができないからです。

自称「出る杭」に一番足りないものは、コミュニケーションです。

「自分の企画が通らない」→「この企画が面白すぎて、上司の理解を超えているからだ」というのが、自称「出る杭」の論理です。

それは、ただ説明が足りないだけです。

面白い企画は、理解しがたいものです。

誰でも簡単に理解できるものは、企画としては緩いし、斬新性もありません。

その企画をコミュニケーションを通して上司に納得してもらうことも、仕事の大切な要素です。

私が博報堂で上司から教わったのは、「企画は考えるよりも通すほうが大変だ」ということです。

企画をつくるのは、20代でもできます。

30代を
楽しむ方法
54

ふだんの会話量を増やそう。

30代で覚えるのは、企画の通し方です。

自称「出る杭」は、コミュニケーションを拒否しています。

「出る杭」は、他者から言われることはほとんどありません。

「出る杭」は、すべて自称です。

出る杭主張は、どこかで行き詰まります。

そんなことをするより、根回しが足りなかったのか、説明が足りなかったのか、わかりにくかったのかと、自分の反省をしたほうがいいのです。

「オレは出る杭だから」と言うのは、一種の傲慢です。

30代で自称「出る杭」は卒業したほうがいいのです。

55 本を読めば、空気は読める。空気を読めない人は、本を読めない。

「空気を読まなくちゃいけない」と言う人は、空気を読むより本を読むことです。

本を読まないと、空気は読めません。

空気を読むということは、人の気持ちがわかるということです。

本の中には、いろいろ複雑な人の気持ちがあります。

映画『愚行録《ぐこうろく》』の冒頭のシーンは、いろいろな示唆に富んでいます。

満員のバスの中、妻夫木聡さん演じる男が座っています。

横には、おばあさんが立っています。

おばあさんには気づいていますが、妻夫木青年は席を譲りません。

この状況から何がわかるかです。

その時に、1人の中年サラリーマンが「こら、おばあさんに席を譲れ」と言いました。

それで、若者は足を引きずりながら席を譲ります。

おじさんは、もう目をそらしています。

バス停に着くと、若者が足を引きずりながらおりていって、おじさんが目をそらしている横で、スタスタと歩き始めました。

この若者が善人か悪人かは、まだわかりません。

足を引きずるフリをしていたとしても、彼が心の中にどんな闇を抱いているかまではわからないからです。

本の中には、人の心の奥の奥の奥の奥へ入っていく描写が描かれます。
単純に「空気を読む」といっても、1段落読んだら終わりではありません。
無限に読み込めるのが本の世界です。
本を読まないで空気を読むことは不可能なのです。

30代を楽しむ方法
55

空気を読むより、本を読もう。

56 紹介の重さを知る人だけが、紹介を生かせる。

30代で覚えなければならないのは、「紹介の重さ」です。
紹介の重さがわかっていない30代が多いのです。
たとえば、上司の紹介でAさんに会いに行くと、話がまとまりませんでした。
単に「断られました」と報告すると、「もっとちゃんとした人を紹介して下さいよ」
「紹介の仕方が悪いんじゃないかな」という文句に聞こえます。
それは、本当に多くの蓄積があって紹介してもらっているわけです。
紹介の価値の重さに気づかないと、紹介した相手だけではなく、紹介してくれた

人までなくしてしまうことになります。

ネット社会は、なんとなく簡単に繋がれます。

ところが、**人間社会は簡単には繋がれません。**

その人に会ったり、たどり着くまでに、ムチャクチャ時間がかかります。

「名刺を出せば誰でも簡単に会えるんだ」と思わないことです。

仕事の依頼、お金儲けの話をして会えるレベルは、ごくごく下のレベルです。

上のほうは、本当に紹介がなければ会うことはできません。

京都では、「私はこういう人間です」という自己紹介はいっさい聞かれません。

「どちらさんのご紹介で？」と、誰の紹介かで、会えるか会えないかが決まります。

「あなたがどういう人間か」というのは、いっさい問われないのです。

「あの人が紹介するなら間違いないだろう」で受けてくれます。

いいかげんな仕事をすると、紹介してくれた人の信頼を傷つけることになります。

私がお世話になっている、ある企業のAさんを通して、「今、Bさんは会社の幹部候補生なので、中谷さん、ちょっと会ってくれる？」と頼まれました。

後日、Bさんから、「○月○日にお会いしたいんですが、大丈夫ですか」と、会う日にちを指定する連絡が来ました。

私が「ちょっとその日はダメなので、毎週土曜日にある中谷塾にご招待するからいらっしゃい」と言うと、

「来週の土曜日はちょっと」

「この先の土曜日でもいいよ」

「しばらく先まで土曜日は埋まっています」

と、日にちが決まりませんでした。

単に、土曜日は休みたかったようです。

私は、そのやりとりがあったことをAさんに伝えました。

Bさんのことを「中谷さん、ちょっと会ってやってくれる？」とAさんが言ったのは、その会社の上の人から私を紹介されたのです。

私からは、「塾においで」と言うところまででした。

それ以上、手取り足取りしないのは、彼が「紹介って簡単なんだな」と思ってしまうと一生の終わりだと考えたからです。

「簡単に会える」と思い込んでしまうことは、彼らの一生の負の遺産になります。

紹介された人と会う日を決める時に、「その日はちょっと休みなので」と言う人は、「そうですか。わかりました」と言われて、チャンスをなくします。

この紹介の重さがわかるかどうかが、30代のわかれ目です。

紹介の重さがわからないと、後々の人生の負の遺産になっていくのです。

30代を楽しむ方法 56

紹介の重さを知ろう。

57 知っている世界がごくわずかで、不義理をすると1日で知れ渡る。

大人になるということは、「自分が知っている世界が極めて狭い」ということに気づくことです。

「世の中は知らないこともあるんだな」というレベルではありません。

知っていることがごく一部分にしかすぎず、それだけ世の中は広いということを知ることです。

もう1つは、自分が思っているほど世の中は大きくないことを知ることです。

イッツ・ア・ビッグワールドとイッツ・ア・スモールワールド、この2つを知ることが大切です。

自分が思っているよりも世の中は意外に狭いということは、1カ所でした不義理は1日で知れ渡るということです。

知らなければならないことは無限にあるにもかかわらず、不義理だけはきちんと1日で伝わるというのは、ネットのない時代から変わりがありません。

自分の知っている世の中がすべてではない。

世の中には自分の知らない広さと狭さがあるということがわからないと、リスペクトもできないし、謙虚にもなれません。

謙虚になれる人は、世の中の「広さ」と「狭さ」を知っているのです。

30代を楽しむ方法
57

世の中の、「広さ」と「狭さ」を知ろう。

58 1人を裏切ることは、全員を裏切ることになる。

人間関係で大切なことは、裏切ってはいけないということです。
裏切らなければならないような誘惑も起こるのが30代です。
20代は、裏切っても何も得られるものはありません。
30代は、裏切ったことによって得られるものが少し大きくなります。
30代になると、そこそこ仕事ができるようになるからです。
それが危ないのです。
仕事ができない人の裏切りは、大ぜいに影響がありません。

仕事ができる人間になってきた時の裏切りは、大ぜいに影響が生まれるのです。

1人を裏切るということは、その向こうに繋がりがたくさんあるので、結果として、全員を裏切ることになります。

最終的には、その全員の中には自分も入っています。

「仕方がない。1人は裏切るか」ということが続くと、やがて誰からも信用を得られない存在になってしまいます。

1人を裏切るということは、全員を裏切る覚悟が必要です。

裏切りの決断に迫られた時は、「自分も含めて全員を裏切ることになるぞ」という覚悟で考えればいいのです。

30代を
楽しむ方法
58

1人も裏切らない。

59
謝ることで、逃げない。

30代は仕事で失敗することも多いです。
20代の謝り方と30代の謝り方とは違います。
30代は責任者として謝らなければなりません。
その時に、謝ることで逃げないようにします。
必死に言いわけをするのです。
よく「言いわけするな」と言いますが、逆です。
「言いわけしない」のは簡単です。

謝って、そのまま「出入禁止にしてください」と言うのは凄いラクです。

それ以上何もしなくていいからです。

関係を決裂させないためには、必死で言いわけをしていくことが、その人の能力として求められます。

情報化社会の現代はリセットが簡単にできます。

謝るのは美しい行為ではなくて、「ここで『ごめんなさい』と言ってしまえば、あとは関係なくてもいいでしょう」とリセットボタンを押すのです。

謝っている側も、相手の顔をあまり見たくないので、「ごめんなさい。これで相手との関係が切れました。しょうがない」と考えて、その後のかかわりを持たないのは凄いラクです。

大切なことは、アナログ的にひたすら言いわけをして、関係を続けて、またお仕事をさせてもらおうと、粘りに粘っていくことです。

「言いわけ」をみっともないと思って、カッコつけて謝って、きれいさっぱりリセットしていると、どんどん世界が狭まっていきます。

言いわけをする時に必死で相手に何かを伝えようとします。

人間的に何か深いところで繫がっていこうとするのです。

失敗なしに人間関係は構築できません。

失敗をし、言いわけをし、皮1枚で必死に繫がっていくという関係こそ、一生の繫がりになっていくのです。

30代を
楽しむ方法
59

言いわけしてでも、しがみつこう。

60 嫌いな人には、礼儀正しく。好きな人には、遠慮なく。

嫌いな人には礼儀を欠いて、好きな人には礼儀を尽くす人がいます。

これは間違いです。

礼儀は、それ以上、自分のテリトリーに入ってこられないように、嫌いな人と関係を継続していくために必要なのです。

好きな人に礼儀正しくしていると、距離は縮まりません。

好きな人には遠慮なく踏み込んでいきます。

時には、踏み込みすぎて失敗することもあります。

それも承知の上で、好きな人に踏み込んでいけばいいのです。

この礼儀と遠慮なくすることの両方、アクセルとブレーキを使いこなしていくことが大切です。

どちらがいいかは、そのつど使いわけます。

20代は、まだ礼儀だけ覚えていけば大丈夫でした。

30代は、遠慮なく相手の懐《ふところ》にグイグイ入っていきます。

さらに、両方使えるようにすることを覚える必要があります。

自分よりも上の人と出会うためには、「遠慮なく」という技を身に付ければいいのです。

30代を
楽しむ方法
60

礼儀と遠慮なくを使いわけよう。

61 いつか「あれを乗り越えたんだから」と笑って話せる修羅場をくぐる。

ピンチになった時のために、「あれを乗り越えているんだから」と、「あとで笑って話せるような修羅場」を30代のうちに多くくぐり抜けておきます。

「転職がなかなかできない」と言う人は、今そこそこいい環境にいるので、それに比べたら、「移っても、そっちだと給料が少し下がるから」とか「休みが減るから」と言います。

それは今が修羅場ではないのです。

私は修羅場を経験しているので、「あの地獄を考えたら」と、どこに行ってもラクでした。

30代のうちにできるだけ「ここと比べたら、あとはどこに行っても天国」と思えるような修羅場の体験をしておきます。

そうすると、特殊部隊上がりのような根性がつきます。

泥水を飲みながら生き延びたような体験をしておくと、後々の人生がラクです。

一度体験している修羅場は、２回目はラクになります。

「あの時に比べたら」とラクになって、人生を楽しむ余裕が生まれるのです。

30代を
楽しむ方法
61

修羅場を、くぐろう。

62

何もしなくても、30代の10年は過ぎていく。

30代の10年は、あっという間に過ぎます。

ぼんやりしていても過ぎてしまいます。

それでもなんとなく生きていくことができるのです。

ここで一番、楽しめる人と楽しめない人との差がつきます。

30代を楽しんだ人と楽しめなかった人、将来を楽しむための種をまいた人とまかなかった人との差がどんどん広がります。

ここで一番しなければならないことは「勉強」と「体験」です。

この10年にしている勉強と体験は、その後の人生に大きくかかわります。

「テングになろう」「修羅場をくぐろう」「ムダづかいしよう」という、マイナスなことも体験としては必要です。

いい体験や、うまくいく体験だけでは不十分です。

むしろ30代でうまくいかない体験や失敗をどれだけしたかということで、あとの人生がもっと楽しくなります。


思い出すと、その当時はもちろん楽しいことは1つもなく、必死です。

30代は、「やってもやっても仕事がなくならない」「次から次へと、明けても暮れても仕事がある」という明け暮れ感で過ぎていくことが大切です。

のんびりするのはＮＧです。

中島みゆきさんの『麦の唄』という曲に、「大好きな明け暮れ」という詞があります。

この「明け暮れ」という言葉と、好きなことを結びつけるところが、中島みゆきさんの凄さです。

よくネガティブなものに「明け暮れる」と言います。

好きなことの苦労に明け暮れることが大切なのです。

30代を楽しむ方法
62

貴重な10年で、勉強・体験をしよう。

あとがき

63

バランスをとろうとして、やめない。

ワークライフバランスというと、そこそこにバランスをとろうとする人がいます。
そこそこである必要はありません。
30代は過剰でいいのです。
普通なら途中でやめておくことをやりすぎても、まだリカバーできるのが30代です。
やりすぎておかないと得られないものがたくさんあります。
その勉強と体験の成果をすぐに出す必要はまったくありません。
成果を出すのはまだあとでいいのです。

30代で多くの失敗実験をしておくことで、後々の人生がもっと楽しくなります。失敗や思った通りの結果が出ないことを楽しめる人は、人生全体を楽しんでいます。そういう人に対して、まわりの人たちも、「失敗の多い人についていこう」「あの人の話を聞きたい」「一緒にごはんを食べたい」と思うようになるのです。

仏陀は失敗だらけの人です。

「こう思ったけれどもうまくいかなかった」「こう思ったけれどもうまくいかなった」という失敗の連続で、若いうちからうまくいって悟っていたのではありません。失敗ばかりをしているのですが、「なんかあの人と話したいよね」という形で人が集まってきて、仏教が生まれました。

むしろ失敗を繰り返していたからこそ、仏陀は人気者になったのです。早くから悟らなくても、七転八倒することを楽しめばいいのです。

イメージとしては、「カラ振り三振なんだけれども、食い逃げで1塁へ走ったら、そのまま暴投になり、2塁まで走ったら、また暴投になり、3塁まで走って、さらに本塁まで走ったところでタッチアウトで、ヘトヘト」という状態です。

ホームランでサッと走ってきた人よりは、「すったもんだ」している人のほうが、ユニフォームもいい具合に汚れて、達成感もあるのです。

やりすぎることで、30代は楽しくなるのです。

30代を
楽しむ方法
63

やりすぎよう。

【秀和システム】
『なぜ あの人はいつも若いのか。』
『楽しく食べる人は、一流になる。』
『一流の人は、〇〇しない。』
『ホテルで朝食を食べる人は、うまくいく。』
『なぜいい女は「大人の男」とつきあうのか。』
『服を変えると、人生が変わる。』

【日本実業出版社】
『出会いに恵まれる女性がしている63のこと』
『凛とした女性がしている63のこと』
『一流の人が言わない50のこと』
『一流の男　一流の風格』

【主婦の友社】
『あの人はなぜ恋人と長続きするのか』
『あの人はなぜ恋人とめぐりあえるのか』
『輝く女性に贈る 中谷彰宏の運がよくなる言葉』
『輝く女性に贈る　中谷彰宏の魔法の言葉』

【水王舎】
『「人脈」を「お金」にかえる勉強』
『「学び」を「お金」にかえる勉強』

【毎日新聞出版】
『あなたのまわりに「いいこと」が起きる 70 の言葉』
『なぜあの人は心が折れないのか』

【大和出版】
『「しつこい女」になろう。』
『「ずうずうしい女」になろう。』
『「欲張りな女」になろう。』
『一流の準備力』

「好かれる人が無意識にしている言葉の選び方』（すばる舎）
『好かれる人が無意識にしている気の使い方』（すばる舎）
『昨日より強い自分を引き出す 61 の方法』（海竜社）
『一流のストレス』（海竜社）
『成功する人は、教わり方が違う。』（河出書房新社）
『一歩踏み出す5つの考え方』（ベストセラーズ）
『一流の人のさりげない気づかい』（ベストセラーズ）
『名前を聞く前に、キスをしよう。』（ミライカナイブックス）
『ほめた自分がハッピーになる「止まらなくなる、ほめ力」』（パブラボ）
『「ひと言」力。』（パブラボ）
『なぜかモテる人がしている 42のこと』（イースト・プレス　文庫ぎんが堂）
『人は誰でも講師になれる』（日本経済新聞出版社）
『会社で自由に生きる法』（日本経済新聞出版社）
『全力で、１ミリ進もう。』（文芸社文庫）
『「気がきくね」と言われる人のシンプルな法則』（総合法令出版）
『なぜあの人は強いのか』（講談社＋α文庫）
『３分で幸せになる「小さな魔法」』（マキノ出版）
『大人になってからもう一度受けたい コミュニケーションの授業』（アクセス・パブリッシング）
『運とチャンスは「アウェイ」にある』（ファーストプレス）
『大人の教科書』（きこ書房）
『モテるオヤジの作法2』（ぜんにち出版）
『かわいげのある女』（ぜんにち出版）
『壁に当たるのは気モチイイ　人生もエッチも』（サンクチュアリ出版）
『ハートフルセックス』**【新書】**（KK ロングセラーズ）
書画集『会う人みんな神さま』（DHC）
ポストカード『会う人みんな神さま』（DHC）

＜面接の達人＞
【ダイヤモンド社】
『面接の達人　バイブル版』

中谷彰宏　主な作品一覧

【PHP研究所】
『なぜあの人は、しなやかで強いのか』
『メンタルが強くなる60のルーティン』
『なぜランチタイムに本を読む人は、成功するのか。』
『中学時代にガンバれる40の言葉』
『中学時代がハッピーになる30のこと』
『14歳からの人生哲学』
『受験生すぐにできる50のこと』
『高校受験すぐにできる40のこと』
『ほんのささいなことに、恋の幸せがある。』
『高校時代にしておく50のこと』
『中学時代にしておく50のこと』

【PHP文庫】
『もう一度会いたくなる人の話し方』
『お金持ちは、お札の向きがそろっている。』
『たった3分で愛される人になる』
『自分で考える人が成功する』
『大学時代しなければならない50のこと』

【だいわ文庫】
『美人は、片づけから。』
『いい女の話し方』
『「つらいな」と思ったとき読む本』
『27歳からのいい女養成講座』
『なぜか「HAPPY」な女性の習慣』
『なぜか「美人」に見える女性の習慣』
『いい女の教科書』
『いい女恋愛塾』
『やさしいだけの男と、別れよう。』
『「女を楽しませる」ことが男の最高の仕事。』
『いい女練習帳』
『男は女で修行する。』

【学研プラス】
『美人力』（ハンディ版）
『嫌いな自分は、捨てなくていい。』

【阪急コミュニケーションズ】
『いい男をつかまえる恋愛会話力』
『サクセス＆ハッピーになる50の方法』

【あさ出版】
『孤独が人生を豊かにする』
『「いつまでもクヨクヨしたくない」とき読む本』
『「イライラしてるな」と思ったとき読む本』

【きずな出版】
『イライラしない人の63の習慣』
『悩まない人の63の習慣』
『いい女は「涙を背に流し、微笑みを抱く男」とつきあう。』
『ファーストクラスに乗る人の自己投資』
『いい女は「紳士」とつきあう。』
『ファーストクラスに乗る人の発想』
『いい女は「言いなりになりたい男」とつきあう。』
『ファーストクラスに乗る人の人間関係』
『いい女は「変身させてくれる男」とつきあう。』
『ファーストクラスに乗る人の人脈』
『ファーストクラスに乗る人のお金2』
『ファーストクラスに乗る人の仕事』
『ファーストクラスに乗る人の教育』
『ファーストクラスに乗る人の勉強』
『ファーストクラスに乗る人のお金』
『ファーストクラスに乗る人のノート』
『ギリギリセーーフ』

【ぱる出版】
『品のある稼ぎ方・使い方』
『察する人、間の悪い人。』
『選ばれる人、選ばれない人。』
『一流のウソは、人を幸せにする。』
『セクシーな男、男前な女。』
『運のある人、運のない人』
『器の大きい人、器の小さい人』
『品のある人、品のない人』

【リベラル社】
『チャンスをつかむ 超会話術』
『自分を変える 超時間術』
『一流の話し方』
『一流のお金の生み出し方』
『一流の思考の作り方』
『一流の時間の使い方』

『改革王になろう』
『サービス王になろう2』
『サービス刑事』

【あさ出版】
『気まずくならない雑談力』
『人を動かす伝え方』
『なぜあの人は会話がつづくのか』

【学研プラス】
『頑張らない人は、うまくいく。』
文庫『見た目を磨く人は、うまくいく。』
『セクシーな人は、うまくいく。』
文庫『片づけられる人は、うまくいく。』
『なぜ あの人は2時間早く帰れるのか』
『チャンスをつかむプレゼン塾』
文庫『怒らない人は、うまくいく。』
『迷わない人は、うまくいく。』
文庫『すぐやる人は、うまくいく。』
『シンプルな人は、うまくいく。』
『見た目を磨く人は、うまくいく。』
『決断できる人は、うまくいく。』
『会話力のある人は、うまくいく。』
『片づけられる人は、うまくいく。』
『怒らない人は、うまくいく。』
『ブレない人は、うまくいく。』
『かわいがられる人は、うまくいく。』
『すぐやる人は、うまくいく。』

【リベラル社】
『問題解決のコツ』
『リーダーの技術』

『歩くスピードを上げると、頭の回転は速くなる。』(大和出版)
『結果を出す人の話し方』(水王舎)
『一流のナンバー2』(毎日新聞出版)
『なぜ、あの人は「本番」に強いのか』(ぱる出版)
『「お金持ち」の時間術』(二見レインボー文庫)
『仕事は、最高に楽しい。』(第三文明社)
『「反射力」早く失敗してうまくいく人の習慣』(日本経済新聞出版社)
『伝説のホストに学ぶ82の成功法則』(総合法令出版)
『リーダーの条件』(ぜんにち出版)
『転職先はわたしの会社』(サンクチュアリ出版)
『あと「ひとこと」の英会話』(DHC)
『あと「ひとこと」の英会話』(DHC)
『あと「ひとこと」の英会話』(DHC)
『状況は、自分が思うほど悪くない。』(リンデン舎)
『速いミスは、許される。』(リンデン舎)

＜恋愛論・人生論＞
【ダイヤモンド社】
『25歳までにしなければならない59のこと』
『大人のマナー』
『あなたが「あなた」を超えるとき』
『中谷彰宏金言集』
『「キレない力」を作る50の方法』
『30代で出会わなければならない50人』
『20代で出会わなければならない50人』
『あせらず、止まらず、退かず。』
『明日がワクワクする50の方法』
『なぜあの人は10歳若く見えるのか』
『成功体質になる50の方法』
『運のいい人に好かれる50の方法』
『本番力を高める57の方法』
『運が開ける勉強法』
『ラスト3分に強くなる50の方法』
『答えは、自分の中にある。』
『思い出した夢は、実現する。』
『面白くなければカッコよくない』
『たった一言で生まれ変わる』
『スピード自己実現』
『スピード開運術』
『20代 自分らしく生きる45の方法』
『大人になる前にしなければならない50のこと』
『会社で教えてくれない50のこと』
『大学時代しなければならない50のこと』
『あなたに起こることはすべて正しい』

中谷彰宏　主な作品一覧

<ビジネス>

【ダイヤモンド社】

『なぜあの人は感情的にならないのか』
『50代でしなければならない55のこと』
『なぜあの人の話は楽しいのか』
『なぜあの人はすぐやるのか』
『なぜあの人は逆境に強いのか』
『なぜあの人の話に納得してしまうのか［新版］』
『なぜあの人は勉強が続くのか』
『なぜあの人は仕事ができるのか』
『なぜあの人は整理がうまいのか』
『なぜあの人はいつもやる気があるのか』
『なぜあのリーダーに人はついていくのか』
『なぜあの人は人前で話すのがうまいのか』
『プラス1％の企画力』
『こんな上司に叱られたい。』
『フォローの達人』
『女性に尊敬されるリーダーが、成功する。』
『就活時代しなければならない50のこと』
『お客様を育てるサービス』
『あの人の下なら、「やる気」が出る。』
『なくてはならない人になる』
『人のために何ができるか』
『キャパのある人が、成功する。』
『時間をプレゼントする人が、成功する。』
『ターニングポイントに立つ君に』
『空気を読める人が、成功する。』
『整理力を高める50の方法』
『迷いを断ち切る50の方法』
『初対面で好かれる60の話し方』
『運が開ける接客術』
『バランス力のある人が、成功する。』
『逆転力を高める50の方法』
『最初の3年その他大勢から抜け出す50の方法』
『ドタン場に強くなる50の方法』
『アイデアが止まらなくなる50の方法』
『メンタル力で逆転する50の方法』
『自分力を高めるヒント』
『なぜあの人はストレスに強いのか』
『スピード問題解決』
『スピード危機管理』
『一流の勉強術』
『スピード意識改革』
『お客様のファンになろう』
『なぜあの人は問題解決がうまいのか』
『しびれるサービス』
『大人のスピード説得術』
『お客様に学ぶサービス勉強法』
『大人のスピード仕事術』
『スピード人脈術』
『スピードサービス』
『スピード成功の方程式』
『スピードリーダーシップ』
『出会いにひとつのムダもない』
『お客様がお客様を連れて来る』
『お客様にしなければならない50のこと』
『30代でしなければならない50のこと』
『20代でしなければならない50のこと』
『なぜあの人は気がきくのか』
『なぜあの人はお客さんに好かれるのか』
『なぜあの人は時間を創り出せるのか』
『なぜあの人は運が強いのか』
『なぜあの人はプレッシャーに強いのか』

【ファーストプレス】

『「超一流」の会話術』
『「超一流」の分析力』
『「超一流」の構想術』
『「超一流」の整理術』
『「超一流」の時間術』
『「超一流」の行動術』
『「超一流」の勉強法』
『「超一流」の仕事術』

【PHP研究所】

『もう一度会いたくなる人の聞く力』
『【図解】仕事ができる人の時間の使い方』
『仕事の極め方』
『【図解】「できる人」のスピード整理術』
『【図解】「できる人」の時間活用ノート』

【PHP文庫】

『入社3年目までに勝負がつく77の法則』

【オータパブリケイションズ】

『レストラン王になろう2』

著者略歴

中谷 彰宏（なかたに あきひろ）

1959年、大阪府生まれ。早稲田大学第一文学部演劇科卒。博報堂に入社し、8年間のCMプランナーを経て、91年、独立し、株式会社中谷彰宏事務所を設立。人生論、ビジネスから恋愛エッセイ、小説まで、多くのロングセラー、ベストセラーを送り出す。中谷塾を主宰し、全国で講演活動を行っている。

※本の感想など、どんなことでもお手紙を楽しみにしています。
　他の人に読まれることはありません。**僕は本気で読みます。**

中谷彰宏

〒460-0008　名古屋市中区栄3-7-9 新鏡栄ビル8F　株式会社リベラル社　編集部気付
中谷彰宏　行

※食品、現金、切手等の同封はご遠慮ください（リベラル社）

［中谷彰宏　公式サイト］http://www.an-web.com/

中谷彰宏は、盲導犬育成事業に賛同し、この本の印税の一部を（公財）日本盲導犬協会に寄付しています。

装丁デザイン　宮下ヨシヲ（サイフォン・グラフィカ）
本文デザイン　渡辺靖子（リベラル社）
取材協力　丸山孝
校正・校閲　宇野真梨子
編集　堀友香・上島俊秀（リベラル社）
編集人　伊藤光恵（リベラル社）
営業　榎正樹（リベラル社）

編集部　猫塚康一郎
営業部　津田滋春・廣田修・青木ちはる・中西真奈美・澤順二

写真提供　Asia Images／アフロ

30代が楽しくなる方法

2018年1月22日　初版

著　者　中　谷　彰　宏
発行者　隅　田　直　樹
発行所　株式会社　リベラル社
〒460-0008 名古屋市中区栄3-7-9 新鏡栄ビル8F
TEL 052-261-9101　FAX 052-261-9134
http://liberalsya.com
発　売　株式会社　星雲社
〒112-0005 東京都文京区水道1-3-30
TEL 03-3868-3275

ISBN978-4-434-24202-1

リベラル社　中谷彰宏の好評既刊

チャンスをつかむ 超会話術

会話量を増やし成功がついてくる、会話が弾む62の具体例。

自分を変える 超時間術

時間の使い方を変え、生まれ変わるための62の具体例。

チームを成長させる
問題解決のコツ

問題を乗り越える力が育つ、チームが解決に動き出す61の具体例。

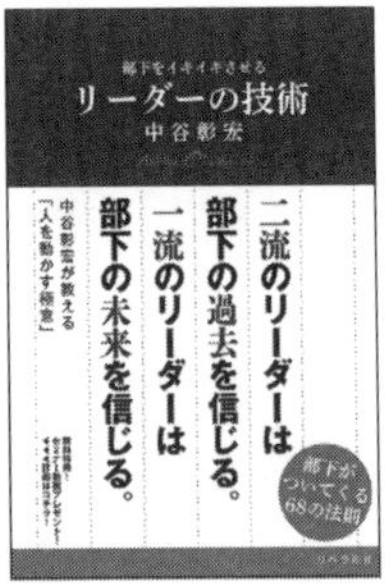

部下をイキイキさせる
リーダーの技術

部下を成功に導く一流リーダーの、部下がついてくる68の法則。

すべて　四六判／208ページ／1,300円+税